Hamburger Edition

H0172243

Inhalt

»Sagt, hab ich recht?«[1]

Christoph Martin Wieland über die Freiheit der Presse als Synonym für »Aufklärung«

Enlightenment, les Lumières, Aufklärung – und Marx sagte, dass der Lichtbringer Prometheus der Heilige des revolutionären Proletariats sein solle, dessen Aufgabe die Verwirklichung der Philosophie der Aufklärung wäre. Was ist Aufklärung?

Diese Frage wurde, wie einige von Ihnen wissen, 1783 in eher unwirscher Weise in der *Berlinischen Monatsschrift* gestellt: Man höre in letzter Zeit so viel von »Aufklärung«, da sei es doch endlich mal an der Zeit, dass einer sage, was das denn sei: »Aufklärung« – wörtlich: »Was ist Aufklärung? Diese Frage, die beinahe so wichtig ist, als: was ist Wahrheit, sollte doch wohl beantwortet werden, ehe man aufzuklären anfinge! Und doch habe ich sie nirgends beantwortet gefunden!«[2] Die berühmteste Antwort wurde, wie Sie alle wissen, von Immanuel Kant gegeben, sie lautete: »Aufklärung ist der Ausgang des Menschen aus seiner selbst verschuldeten Unmündigkeit. Unmündigkeit ist das Unvermögen, sich seines Verstandes ohne Leitung eines anderen zu bedienen. Selbst-

---

1 Rede zur Eröffnung der Jahresversammlung des PEN Deutschland in Hamburg, 20. 6. 2024.
2 Zitiert nach Immanuel Kant, »Beantwortung der Frage: Was ist Aufklärung?«, in: Ders., *Werke*, Bd. XI, hg. von Wilhelm Weischedel, Frankfurt am Main 2020, S. 53 (Fn. 1).

verschuldet ist diese Unmündigkeit, wenn die Ursache derselben nicht am Mangel des Verstandes, sondern der Entschließung und des Mutes liegt, sich seiner ohne Leitung eines andern zu bedienen.«[3]

Nicht so bekannt ist der – bestimmte Gedanken (oder Ressentiments) des 20. Jahrhunderts vorwegnehmende – Einwand des Königsberger Freundes und Opponenten Johann Georg Hamann, der in Kants Schrift nicht den Aufruf zur Selbstemanzipation von traditionellen Autoritäten sah, sondern den Versuch, neue an die Stelle der alten zu setzen. »Emanzipation« als das Schlagwort der neuen Meisterdenker, um die akademischen Macht- und Schlüsselpositionen zu besetzen. Als hätte Foucault eine Zeitreise zurück ins 18. Jahrhundert unternommen.

Aber das soll unser Thema nicht sein. Kants Rede ist der Versuch einer Definition, die für die Haltung des jeweils Einzelnen gilt und auch gleichsam den Geist der Zeit bestimmt: Was unterscheidet uns, die wir von »Aufklärung« sprechen, von dem, was wir meinen ablösen zu sollen? Dem Appell an den Einzelnen, der dann auch (mit Bezug auf das horazische »sapere aude«) imperativischen Charakter annimmt: »Habe Mut, dich deines eigenen Verstandes zu bedienen!«, folgt ein Räsonnement zur Frage nach dem »öffentlichen Gebrauch« der Vernunft. Bekanntlich stellt Kant dem öffentlichen Gebrauch der Vernunft, der uneingeschränkt frei sein müsse, den privaten entgegen, wobei er (ein wenig entgegen unseren Sprachgewohnheiten) das meint, was

3 Ebd.

einem in allen möglichen Dienstverhältnissen zu verlautbaren aufgegeben sei. Kant nimmt als Beispiel den Offizier, der im Dienst die strategischen Pläne seines Oberbefehlshabers nicht zu kritisieren, sondern auszuführen habe – im Zweifelsfalle unter Strafandrohung –, außer Dienst aber (wir würden sagen: als Privatmann, Kant sagt: als Gelehrter) ebendiese Pläne, etwa in einer militärwissenschaftlichen Fachzeitschrift, in Grund und Boden müsse kritisieren dürfen, ohne dass seine Dienststelle ein Einspruchsrecht hätte. Das Nämliche gelte für den Geistlichen, der den kirchenbefohlenen Katechismus zu lehren habe, aber nicht gehindert werden dürfe, in eigenen Publikationen der Öffentlichkeit seine möglicherweise abweichenden Gedanken mitzuteilen.

Warum diese Beispiele? Es geht um die Institutionen, die als die Stützen der Macht galten, das Militär und die Kirche – und die Schrift Kants ist an die politische Macht selbst gerichtet. Er versichert, vom öffentlichen Gebrauch der Vernunft hätten »unsere Beherrscher« nichts zu befürchten. Wir hätten für eine Obrigkeit, die dieses eingesehen habe, »ein glänzendes Beispiel [...], wodurch noch kein Monarch demjenigen vorging, welchen wir verehren«.[4] Gemeint ist natürlich Friedrich II. Und Kant wechselt den Ton, als würde er den König direkt ansprechen und blinzeln: Nicht wahr, Majestät, wir verstehen einander?: »derjenige, der, selbst aufgeklärt, sich nicht vor Schatten fürchtet, zugleich aber ein wohldiszipliniertes Heer zum Bürgen der öffentlichen Ruhe zur Hand hat, – kann das sagen, was ein Freistaat nicht

4 Ebd., S. 60.

wagen darf: räsonniert, so viel ihr wollt, und worüber ihr wollt; nur gehorcht!«[5]

Die andere Institution, die Kant nennt, lässt er hier unter den Tisch fallen, weil sie für Friedrich nicht erwähnenswert war, für das Unternehmen der Aufklärung aber *das* zentrale Problem, und so schreibt Kant auch, er habe »den Hauptpunkt der Aufklärung, die des Ausganges der Menschheit aus ihrer selbst verschuldeten Unmündigkeit, vorzüglich in Religionssachen gesetzt«.[6] Denn darum ging es in der »Epoche der Aufklärung«, darum geht es auch, wenn wir »die Aufklärung« ein »Projekt« nennen (ungeachtet des albern inflationären Gebrauchs des Wortes »Projekt«): um die Abschaffung des Deutungsmonopols der Religion. Man bedenke, dass sechs Jahre zuvor der Herzog von Braunschweig seinem Bibliothekar Lessing ein Publikationsverbot in Sachen Religion, Religionsgeschichte, Religionsphilologie auferlegte – also ihm den, in Kants Terminologie, öffentlichen Gebrauch der Vernunft untersagte. Anlass waren Schriften des Hamburger Philologen Samuel Reimarus, die Lessing postum als *Fragmente eines Ungenannten* anonym herausgab. Es schloss sich eine polemisch geführte Debatte an, nicht nur über die Triftigkeit der historisch-philologischen Überlegungen zu einigen Passagen des Alten und Neuen Testaments in diesen Fragmenten (darunter die Auferstehungsgeschichte), sondern über die Schädlichkeit der Veröffentlichung solcher Gedanken schlechthin. Die Debatte endete mit dem Publikationsverbot für Lessing – man kann Kants

5 Ebd., S. 61.
6 Ebd., S. 60.

»Was ist Aufklärung?« auch als Reaktion auf diesen Vorgang lesen.

Lessings Kontrahent, der Hamburger Hauptpastor Johann Melchior Goeze, hatte, und das war vielleicht ausschlaggebend für das Publikationsverbot für Lessing gewesen, gewarnt, dass eine Infragestellung der kirchlichen Autorität politisch destruktiv sein könne, nein: müsse, dass man sich ohne eine (so würden wir heute sagen) feste weltanschauliche Rahmung auch auf die Absicherung der politischen Herrschaft durch (wie Max Weber sagen würde) bewaffnete Stäbe nicht mehr würde verlassen können. Ein wenig winkt da Böckenförde: Der säkulare Staat könne seine Voraussetzungen nicht garantieren. So appelliert Kant also in beide Richtungen: an die Bürger und Bürgerinnen (obwohl er da nicht ganz so optimistisch war, aber das ist ein anderes Thema), Mut zum Selberdenken zu haben, sprich: sich von kirchlichen Autoritäten frei zu machen, an die politisch Herrschenden, den Mut zu haben, dies zuzulassen, denn ihre militärische Macht werde durch die Debatte, ob die Berichte in den Evangelien über die Auferstehung Jesu glaubhaft seien, nicht tangiert. Die Kirche als Institution und Organisation behalte ihr Recht, ihren besoldeten Angestellten vorzuschreiben, was sie zu sagen respektive zu predigen hätten, der Souverän schütze dieses Recht – übrigens bei allen Konfessionen und Religionen – sowie auch das Recht der Öffentlichkeit, das drucken zu lassen und zu lesen, was sie drucken und lesen möchte.

Christoph Martin Wieland, auf den ich ankündigungsgemäß kommen möchte, sah das nicht anders. Aber zunächst: Wer war Christoph Martin Wieland? – Ich zitiere aus Arno Schmidts ihm gewidmeten Rundfunkdialog aus dem Jahre 1957: »Wieland? [...] Ein berühmter Name, gewiß. Aber, wie ich gestehen muß, mir nur eine Schattengestalt.«[7] Das hat sich in den über 65 Jahren seitdem geändert, ich habe mich bemüht, an dieser Änderung ein wenig mitzuwirken, aber es kann ja nicht schaden, kurz einige Stichworte zu geben: Geboren 1733 bei Biberach in Schwaben – früh macht er durch ein ambitioniertes literarisches Unternehmen auf sich aufmerksam, er verfasst 17-jährig eine *Natur der Dinge*, ein Lehrgedicht in weit über 3000 Versen, ein (christlicher) Gegenentwurf zu Lukrez' *De rerum natura*, drei Jahre nach den ersten Gesängen von Klopstocks *Messias*, und zeigt, dass er den daktylischen Hexameter ebenso gut beherrscht wie dieser. Nach einer Art Studienzeit in Zürich bei einem der führenden Literaten und Literaturkritiker der Zeit, Johann Jakob Bodmer, und in Bern, wo er sich erst zögernd, dann wie mit einem Ruck von seinem christlichen, meist frömmelnden Habitus befreit und sich dem zuwendet, worum es ihm immer gegangen war, der Literatur, kehrt er zurück nach Biberach, wo er eine Stelle als Kanzleiverwalter antritt und in wenigen Jahren zum bekanntesten deutschsprachigen Autor wird. Er verfasst den ersten Roman, der literarisch etwas gilt, seine Verse modernisieren die deutsche Poesie und bieten gleichzeitig verblüffend a-moralische Kasuistiken dessen, was Liebe ist und sein kann, er übersetzt als Erster fast alle Stücke Shakespeares.

---

7 Arno Schmidt, »Wieland oder die Prosaformen«,
   Bargfelder Ausgabe Bd. II/1, Zürich 1990, S. 278.

Wieland und Lessing sind, man kann dieses Wort wohlbedacht verwenden, nicht nur die beiden großen Modernisierer, sondern in gewissem Sinne die Erfinder der modernen deutschen Literatur. Niemand, räumt Nietzsche ein, der Wieland als Denker gar nicht schätzte, habe ein besseres Deutsch geschrieben.

1772 – Wieland ist Professor der Philosophie in Erfurt – holt ihn die Herzoginwitwe und Regentin Anna Amalia nach Weimar. Er soll den künftigen Herzog auf seine Regentschaft vorbereiten. Eine extravagante Idee: ein Poet und der Repräsentant der deutschen Aufklärung als Mentor eines angehenden Regenten – zwar eines recht kleinen und unbedeutenden Herzogtums, aber immerhin. Durch Wieland, der sogleich für diesen Hof mit dem Komponisten Anton Schweitzer eine neuartige Oper schreibt, die Aufmerksamkeit erregt, und eine literarisch-politische Zeitschrift gründet, beginnt Weimar jene Stadt zu werden, nach der im 20. Jahrhundert eine Verfassung und eine Republik benannt wurden. Der Name der Zeitschrift machte Wielands Ambition klar, sie hieß *Der Teutsche Merkur* – der *Mercure de France* war eine französische Zeitschrift, die in Paris erschien, der Hauptstadt Frankreichs. Wieland wollte Weimar zur Kulturhauptstadt Deutschlands machen – das gelang. Goethe folgte, Wieland und Goethe holten Herder – drei Köpfe dieser Art gab es nirgendwo sonst auf so kleinem Raume. Später kam Schiller. Und es kamen übrigens schon sehr bald Gäste aus ganz Europa, um sich das anzusehen, Besuche zu machen, die Stammbücher zu überreichen, Berichte über dieses so außerordentliche und merkwürdige Weimar zu schreiben. Weimar wurde ein europäischer, später ein internationaler Ort – und ist es bis heute.

Ich breche den Bericht über Wielands Leben hier ab, das Weitere lesen Sie, wenn Sie mögen, nach. Ich komme auf die Zeitschrift zurück, den *Teutschen Merkur*, ab 1789, dem Jahr des Sturms auf die Bastille, *Neuer Teutscher Merkur*. Zensurprobleme (ich nehme das Stichwort Lessing und das Publikationsverbot in Religionssachen auf) hatte Wieland (außer in der Schweiz und später in Wien) nicht, er war vorsichtig:

> »Ein Hauptgesetz« – eine Publikationsrichtlinie – »soll seyn, alles was irgend einer in Deutschland recipirten Religion anstößig seyn könnte, zu vermeiden [...]. Da ich der eigentliche Entrepreneur und Direkteur des Werkes seyn, und dasselbe zu Weimar unter meinen eigenen Augen besorgen werde, so stehe ich auch sowohl für die Güte als die Unanstößigkeit aller Artikel.«[8]

Nota bene: alles, was *irgendeiner* Religion anstößig sein könnte, also nicht der jeweils regierungsseitig vertretenen. Wieland wollte keinen Ärger mit irgendwelcher Zensur, aber er wollte vor allem keinen Streit mit irgendwelchen Religionsvertretern haben und also mit seiner Zeitschrift keine Bühne bieten für solche, die einen anfangen wollten. Allerdings ließ er – und da verband sich der areligiöse, vielleicht agnostische Schriftsteller mit dem früheren schwäbischen Protestanten –, was die katholische Kirche anging, manche

---

8 Zitiert nach Jan Philipp Reemtsma, *Christoph Martin Wieland. Die Erfindung der modernen deutschen Literatur*, München 2023, S. 348.

Rücksicht fahren. 1788 schreibt er eine Abhandlung in Fortsetzungen mit dem Titel »Gedanken von der Freyheit über Gegenstände des Glaubens zu philosophieren«.

Diese Abhandlung ist weniger eine Erörterung der Titelfrage als eine religionshistorische Reflexion, in der es unter anderem darum geht, wie ganz unterschiedliche Religionen – das Christentum, das Judentum, der Islam, der Zoroastrismus – die Tendenz zur Priesterherrschaft und damit zu Dogmatik und Intoleranz entwickeln. Das Ziel der sich an die historisch-systematische Analyse anschließenden Polemik ist die katholische Kirche, der »prachtvolle Kerker«, in dem »die Vernunft von der größern Hälfte Europens noch immer gefangen gehalten wird«. Und er phantasiert von einem Erdbeben, der Art, »daß die ganze Stadt Rom, mit der Basilica von Sct. Johann im Lateran, der Peterskirche« und so weiter »von der Erde dergestalt verschlungen werden könnte, daß ihre Stätte nicht mehr gefunden würde«. Gewiss, schrieb er, er *wünsche* derlei nicht, aber wenn es geschehe ...: »Sollte darüber wohl ein großes Wehklagen unter den Völkern der Erde entstehen?«[9] Wir schütteln vielleicht den Kopf und denken an das schönste Gebäude der Welt, das nun allerdings gewiss nicht St. Peter ist, sondern das römisch-heidnische Pantheon, aber Wieland dürfte daran gedacht haben, dass etwa in Spanien noch die Inquisition amtierte (sie wurde ja erst während der französischen Besatzung abgeschafft).

9 Christoph Martin Wieland, *Ein paar Goldkörner oder Was ist Aufklärung? Ein Lesebuch*, hg. von Hans-Peter Nowitzki und Jan Philipp Reemtsma, Göttingen 2022, S. 57–59.

Die Einwände gegen eine Religion, die anstelle gewisser schlichter Transzendenz-Überzeugungen, die Wieland, wie er jedenfalls zu jener Zeit schrieb, für allgemein nützlich ansah – eine Art unbestimmter Hintergrundsgottheit und ein wie auch immer beschaffenes Leben nach dem Tode (dass es diese Vorstellungen nicht brauche und speziell letztere dem Menschen und seiner Moral eher abträglich sei, wurde eine Altersüberzeugung Wielands) –, ein Gemisch von »ungereimteste[r] Schwärmerey«, »scheuslichste[m] Aberglauben« und »menschenfeindlichsten Wahnbegriffen« setze und sich damit »zu einem Werkzeug der Tyrannie, des Betrugs, und der Beutelschneiderey« mache, »ja sogar zu einem Gifte [...], das die Seele gleichsam in ihren zartesten und edelsten Theilen anfrißt, und in ein moralisches Scheusal verwandelt«[10] – solche Einwände, genauer: Attacken fielen für Wieland deutlich nicht unter die Redaktionsrichtlinie, keinen interreligiösen Zank zu befördern, sondern gehörten für ihn zu den zentralen Aufgaben dessen, was »Aufklärung« heißen solle. In seinem zehn Jahre später veröffentlichten Roman *Agathodämon* lässt er den in der Geschichtsschreibung seit einigen Jahren wieder in den Blick genommenen Apollonius von Tyana aus dem Jahr 100 n. Chr. einen Blick in die Zukunft tun und eineinhalbtausend Jahre intellektueller Verödung und Repression über Europa kommen sehen, aber dann – vielleicht – werde eine Zeit kommen, wo »neue Erfindungen und Entdeckungen [...] vielleicht einen höhern Grad von Kultur und Aufklärung befördern, als

10 Ebd., S. 43.

das menschliche Geschlecht noch nie erreicht hat«, und »diese Aufklärung werde sich wahrscheinlich sogar über den Christianism [...], seine Geschichte, seine wahren oder vorgeblichen Urkunden« – siehe Reimarus und Lessing – verbreiten.[11]

Der einzige Weg dahin, so Wieland weiter in seinem Aufsatz von 1788, sei der freie Gebrauch der Vernunft und »das Recht, den ganzen Prozeß, wie wir im Nachdenken über interessante Gegenstände auf diese oder jene Resultate gekommen sind, andern mitzutheilen«, ein Recht, das »unter die unverlierbaren Rechte der Menschheit« gehöre. »Das allgemeine Beste der Gesellschaft ist mit der Erhaltung dieses Palladiums« – Palladium: damit ist nicht das platinähnliche Edelmetall gemeint, das damals noch gar nicht chemisch identifiziert worden war, sondern das Standbild der Göttin Pallas Athene als Schutzgöttin der Weisheit und Wissenschaft – »unzertrennlich verknüpft; denn von seinem Verlust würde der Verlust aller Gewissensfreiheit und aller bürgerlichen Freiheit, würde die Wiederkehr jener schrecklichen Finsterniß, Sclaverey und Verwilderung der Jahrhunderte zwischen Theodosius und Friedrich III.« – von der Einführung des Bekenntnisses von Nicäa als verpflichtende Staatsreligion bis circa 1500 n. Chr. – »die natürliche Folge seyn. Wenn es wahr ist, daß unser Jahrhundert sich einiger beträchtlichen Vorzüge vor allen vorhergehenden rühmen kann, so haben wir sie lediglich der Freiheit des Denkens und der Presse« – lies immer als: Druckerpresse, nicht

11 Christoph Martin Wieland, *Agathodämon*, in: Ders.,
Sämmtliche Werke, Bd. 32, Leipzig 1799, S. 465.

»Journalismus« – zu danken. Und es folgt das Credo der Freiheit der Druckerpresse, und hier möchte der Ort sein, es nachdrücklich zu zitieren, denn: »Man kann es« – so beginnt es – »nicht oft genug wiederholen: Nicht was Menschen jemals öffentlich gesagt, geschrieben oder gethan haben, kann sich eines Privilegiums gegen die kaltblütige Untersuchung und Beurtheilung der Vernunft anmaßen. Kein Monarch ist so groß und kein hoher Priester so heilig, daß er, Kraft seiner Majestät oder Heiligkeit, vor den Ohren und Augen der Welt Sottisen sagen oder thun dürfte, ohne daß es erlaubt wäre [...] zu zeigen, daß die Sottisen, die er gesagt oder gethan hat, Sottisen sind.«[12]

Wir haben selbstverständlich ein Recht, uns an solchen Sätzen zu freuen – aber wir sollten es nicht zu *sehr* tun. Als Zitierende oder Zitaten Lauschende sind wir nicht schon mit jenen gleichzusetzen, die solche Sätze zum ersten Mal oder jedenfalls unter anderen Bedingungen geschrieben haben. Wer einen Klugen zitiert, ist nicht darum selber klug, wer einen Mutigen zitiert, nur dann mutig, wenn das Zitieren ihm Nachteile bringen kann. Ich möchte Ihnen auch keinen Vorblick auf eine Zitatesammlung »Mit Wieland durch das Jahr« geben; und überall, wo mir etwas serviert wird mit den Worten »schon damals!« oder »immer noch aktuell!« oder, scheußlicher noch: »bestürzend aktuell!«, lehne ich ohne Dank ab. Ich möchte mit dem, was ich gesagt habe, hinleiten zu einem – eben von Wieland formulierten, aber in unseren Debatten nicht wirklich ernst genommenen –

---

12 Wieland, *Goldkörner*, S. 40 f.

Gedanken, der so lautet: Von der Freiheit des Wortes haben wir vielleicht *nicht so viel zu hoffen*, wie wir hoffen möchten, und allemal *allerlei zu fürchten* – von der Beschneidung der Freiheit des Wortes ist allerdings *nichts* zu hoffen und viel zu *fürchten*. Wenn der Begriff »Freiheit des Wortes« nicht ein so verdammt ausdeutbarer Begriff wäre.

Auch Wieland hatte, wie Kant im oben zitierten Aufsatz »Was ist Aufklärung?«, auf die Frage der *Berlinischen Monatsschrift* geantwortet, und zwar mit einem Aufsatz »Ein paar Goldkörner aus Maculatur oder Sechs Antworten auf sechs Fragen«,[13] veröffentlicht im April 1789 auch im *Teutschen Merkur*. Er beginnt so: »Es ist nur gar zu gewiß, daß auch gute Bücher Maculatur werden.« (Auch auf der Jahrestagung des PEN darf so etwas gesagt werden.) Weiter im Text – und, ich bitte Sie, geben Sie acht, denn die Pointe ist ein wenig versteckt: »Ich will also dem mir unbekannten Buche, wovon ein verunglückter Maculaturbogen mir die Gelegenheit zu diesem kleinen Aufsatz gegeben hat, durch diese Benennung an seinen oder seines Verfassers Ehre und Würden nichts benommen haben; das Buch mag ein ganz gutes, wenigstens wohlgemeyntes Buch seyn; ich kann darüber nicht urtheilen, da ich nichts davon gelesen habe als den einzigen Maculaturbogen, der einer kleinen Broschüre, die mir vor einigen Tagen von Leipzig zugeschickt wurde, zur Hülle diente [...], da jedermann weiß, was Maculatur ist, wozu sie gebraucht wird, und was es für gewöhnlich für ein Ende mit ihr nimmt, wenn sie« – vielleicht erinnern Sie sich an eine

13 Ebd., S. 10–16.

gewisse Stelle in Rabelais' *Gargantua* – »auf gutes weiches ungeleimtes Papier gedruckt ist, – (welches gerade bey diesem Bogen der Fall war) – so wird sich der geneigte Leser nur des Adepten zu erinnern brauchen, der den Versuch machte, (ob er ihm gelungen oder mißlungen ist, weiß ich nicht) aus einer gewissen *unnennbaren Materie* den Stein der Weisen zu ziehen, um die obige Aufschrift« – Sie erinnern sich: »Ein paar Goldkörner aus Maculatur« – »so deutlich zu finden als es die Sache nur immer gestatten will.«

Haben wir's verstanden? Nun, er wird noch deutlicher: »als ich von ungefähr ein Blatt von dem mehrgesagten Maculaturbogen abriß« und »von ungefähr einen Blick auf Seite 214 des Blatts, das ich eben zwischen den drey vordersten Fingern meiner rechten Hand hielt«, warf – da habe er sechs Fragen gelesen, die die Grundfrage, was Aufklärung sei, variierten. Und so klärt sich der zweite Teil des Titels »Sechs Antworten auf sechs Fragen«. Wie der Verfasser mit dem Papier, auf dem die sechs Fragen stehen, weiter verfährt, führt er nicht aus.

Zu den sechs Fragen: »Was ist Aufklärung? Über welche Gegenstände kann und muß sie sich verbreiten? Wo sind ihre Grenzen? Durch welche sichere Mittel wird sie befördert? Wer ist berechtigt die Menschheit aufzuklären? An welchen Folgen erkennt man ihre Wahrheit?«, heißt es summarisch, und das erklärt den vermutlichen Umgang mit dem Wisch: »Diese Fragen (meynte der Verfasser) seyen noch lange nicht so berichtiget, als sie es seyn müßten [...]. Meiner geringen Meynung nach waren seine sechs Fragen schon seit einigen tausend Jahren für alle verständige Menschen keine Fragen mehr«, aber »warum sollte mir der H[erausgeber] des T[eutschen] M[erkur] zwey bis drey Blätter versagen, auf denen ich mir diese sechs Fragen so rein und gerade zu beantworten getraue, daß über die siebente, ob ich sie richtig beantwortet habe, nur Eine Stimme seyn soll?« Unterzeichnet mit »Timalethes«, also sinngemäß: der, für den die einzige Autorität die Wahrheit ist.

Aufklärung, les Lumières, Enlightenment – Wieland nimmt in seinen Antworten die Lichtmetapher beim Wort: »Was ist Aufklärung? Antwort: das weiß jedermann, der vermittelst eines Paars sehender Augen erkennen gelernt hat, worin der Unterschied zwischen hell und dunkel, Licht und Finsterniß besteht.« – »Über welche Gegenstände kann und muß sich die Aufklärung ausbreiten? Drolligte Frage! Worüber als über alle sichtbare Gegenstände? Das versteht sich doch wohl, dächte ich; Oder muß es dem Herrn noch bewiesen werden? Nun wohlan! Im dunkeln (ein einziges löbliches und gemeinnütziges Geschäfte ausgenommen) bleibt für ehrliche Leute nichts zu thun als zu schlafen.« – »Wo sind die Grenzen der Aufklärung? Antwort: wo, bey allem möglichen Lichte, nichts mehr zu sehen ist.« – »Durch welche sichere Mittel wird sie befördert?«, und die Antwort ist natürlich: Licht machen, wegzuschaffen, was die Sicht behindert. Das alles ist natürlich nur halber Spaß, denn im Ausspinnen der Lichtmetapher bringt Wieland allerlei erkenntnistheoretisches ABC unter und unter die Leserschaft, und wir erleben hier, wie oft bei ihm, die Abneigung gegen allzu gedrechseltes Räsonnement, den Grundverdacht, dass sich hinter manchem Jargon Banalitäten verbergen – und dass manche Fragen nur beantwortet werden, indem man sie nicht ernst nimmt. So, wie David Hume die Skeptiker, die an der Möglichkeit moralischen Urteilens überhaupt zweifelten, einfach stehen ließ und Richard Rorty den radikalen erkenntnistheoretischen Skeptikern sagte, sie »sollten sich vom Acker machen«.

Trotzdem möchten wir Wielands Ausführungen bis hierhin nicht sonderlich aufregend finden – aber bei der Frage, wer berechtigt sei, die Menschheit aufzuklären, merken wir vielleicht doch auf. An dieser Stelle attackierte, wie erwähnt, Hamann Kant, indem er ihm unterstellte, mit dem Stichwort der »Aufklärung« eigentlich ein Monopol der Meisterdenker seines Schlages anzustreben. »Wer ist berechtigt, die Menschheit aufzuklären? Wer es kann! – ›Aber wer kann es?‹ – Ich antworte mit einer Gegenfrage, wer kann es *nicht*? Nun mein Herr? da stehen wir und sehen einander an? Also, weil kein Orakel da ist, das in zweifelhaften Fällen den Ausspruch thun könnte, (und wenn Eines da wäre, was hälf es uns ohne ein zweytes Orakel, das uns das erste erklärte?) und weil kein menschliches Tribunal berechtigt ist, sich einer Entscheidung anzumaßen, wodurch es von seiner Willkühr abhienge, uns soviel oder sowenig Licht zukommen zu lassen als ihm beliebte: so wird es wohl dabey bleiben müssen, daß *jedermann* – von Sokrates oder Kant bis zum obscursten aller übernatürlich erleuchteten Schneider und Schuster, ohne Ausnahme, berechtigt ist, die Menschheit aufzuklären, wie er kann, sobald ihn sein guter oder böser Geist dazu treibt. Man mag die Sache betrachten, von welcher Seite man will, so wird sich finden, daß die menschliche Gesellschaft bey dieser Freyheit unendlichmal weniger gefährdet ist, als wenn die Beleuchtung der Köpfe und des Thuns und Lassens der Menschen als Monopol oder ausschließliche Innungssache behandelt wird.«[14]

Hier ist ein interessanter Unterschied zu Kants Aufklärungsschrift, und Wieland trägt dem Einwand Hamanns implizit Rechnung. Aufklärung ist nicht allein der Mut, sich des eigenen Verstandes zu bedienen, auch nicht allein, das Ergebnis der Öffentlichkeit zu übergeben, sondern damit Teil der öffentlichen Debatte zu werden. Aufklärung monologisiert nicht, Aufklärung ist Dialog (griechisch nicht »Zwiegespräch«, sondern Untersuchung durch das Gespräch) in Permanenz.

Natürlich war Wieland nicht der Ansicht, dass Druckerzeugnisse welcher Art auch immer nicht rechtlich beurteilt werden könnten oder dürften. Selbstverständlich gebe es Einschränkungen durch das Zivil- und Strafrecht. Aber diese Rechtsvorschriften dürften kein Vorwand für eine Zensur werden. Natürlich wusste Wieland ebenso, wie wir wissen, dass hier endlos gestritten werden kann und also muss. Nehmen wir ein Beispiel aus der jüngeren Vergangenheit. Die katholische Kirche erstattete in den 50er Jahren des vorigen Jahrhunderts gegen Arno Schmidts Erzählung »Seelandschaft mit Pocahontas« und die Zeitschrift *Texte und Zeichen*, herausgegeben von Alfred Andersch, in der die Erzählung erschienen war, Anzeige wegen Gotteslästerung und Pornografie. Als dieses Verfahren nach einigem

14 Ebd., S. 15.

Hin und Her bei der Staatsanwaltschaft Darmstadt landete, stellte die das Verfahren mit Hinweis auf die grundgesetzliche Freiheit der Kunst, die ein Kunstwerk sogar von der Treue zur Verfassung entbinde, ein. Es müsse nur noch festgestellt werden, ob es sich bei der inkriminierten Schrift um ein Kunstwerk handele, was zu entscheiden nicht Sache eines Gerichts sei, weshalb man den Präsidenten der Darmstädter Akademie, Hermann Kasack, um eine gutachterliche Stellungnahme bat. Der kam zu dem Schluss, dass man Arno Schmidts Erzählung den Kunstwerkcharakter nicht absprechen könne – und der Fall war erledigt. So weit würde, dürfte heute kein Gericht mehr gehen, und zwar spätestens seit dem Urteil gegen die Neuveröffentlichung von Klaus Manns *Mephisto*, gegen die aus persönlichkeitsrechtlichen Gründen die Erben von Gustaf Gründgens Einspruch erhoben – erfolgreich. Die Frage, wann ein literarisches Werk gegen die Persönlichkeitsrechte einer in ihm auf offensichtlich oder vermutlich erkennbare Weise geschilderten Person verstoße, ist seitdem oft verhandelt worden.

Es geht nicht um den Schutz von Individuen vor Beleidigung oder, schlimmer, vor Diffamierung oder Hetze (und die Diskussion, wo Kritik beginnt, Diffamierung zu werden), sondern um den Kampf gegen jede Ambition, eine Art höherer Einsicht durch Zensur durchzusetzen. Die Kosmopoliten, wie Wieland den Orden derjenigen nennt, die sich durch keine Abzeichen und keine eingetragene Mitgliedschaft, aber durch ihre Haltung zu dieser Frage kenntlich machen, betrachten »die Freyheit der Presse« – noch einmal: der Druckerpresse – »als das dermahlige wahre Palladium« – wir haben den Ausdruck schon gehört – »der Menschheit, von dessen Erhaltung alle Hoffnung einer bessern Zukunft abhängt« – nota bene: nicht garantiert wird, nur die Hoffnung hängt davon ab –, »dessen Verlust hingegen eine lange und schreckliche Folge unabsehbarer Übel nach sich ziehen würde. Man beurtheile diese Sache weder einseitig noch obenhin! Wir wissen so gut als jemand, was sich in einer lustigen Laune darüber witzeln, oder in einer finstern darüber seufzen läßt; und eben so bekannt sind uns die mehr oder wenig scheinbaren Gründe, womit man die vorgebliche Nothwendigkeit, der Preßfreiheit willkührliche Schranken zu setzen, aufstützen und anstreichen will.«[15] Gleichviel. Gäbe es einen Zensor, wer kontrollierte ihn, und wer kontrollierte den Kontrolleur?

Wieland endet seine Gedanken über die Frage, was Aufklärung sei, mit der Frage, »an welchen Folgen man die Wahrheit der Aufklärung« erkenne, und sagt, eines der »unzweydeutigsten Kennzeichen« sei, dass die Gegner der Aufklärung sive Freiheit der Presse gegen sie anschrien, denn sie »schreyen am grellsten wenn ihnen die Sonne in die Augen sticht. – Sagt, hab ich recht? Was dünkt euch von der Sache, Herr Nachbar mit dem langen Ohr?«[16]

Das mag denn doch zu wenig sein. Lassen Sie mich noch einen Augenblick nachdenken. Wielands Argument, dass für die Freiheit des gedruckten Wortes nicht so sehr spreche, dass durch Debatten das Kluge und Richtige befördert wer-

---

15 Christoph Martin Wieland, »Das Geheimnis des Kosmopolitenordens«, in: Ders., *Goldkörner*, S. 161.
16 Wieland, *Goldkörner*, S. 16.

de (gar notwendigerweise zu Stande komme), als dass die Abwesenheit von offener Debatte jedenfalls von Übel sei und Zustände von Borniertheit und Willkür zur Folge habe, ähnelt der Ansicht von Karl Popper, das Gute an der Demokratie sei nicht, dass der Wille des Volkes zum Tragen komme (denn wer wisse schon, was das sei – und ob er etwas Gutes sei?), sondern dass man Regierungen ohne Blutvergießen wieder loswerden könne. Und man übersehe nicht, dass auch erprobte Wahrheiten, auf die wir uns mühsam geeinigt haben, keinen Schutz davor brauchen – haben dürfen –, infrage gestellt zu werden. Nie infrage gestellte Wahrheit, argumentiert John Stuart Mill, »ist nur ein Aberglaube mehr, der zufällig an den Worten hängt, welche eine Wahrheit aussprechen«.[17]

Das ist klug gedacht und knapp gesagt, und es stimmt. Es stimmt in Fragen wissenschaftlicher Theorie, und es stimmt auch in moralisch-politischen Fragen. Es stimmt sogar dort auf unheimliche Weise, wo – sagen wir – Sie oder ich gar nicht so recht etwas an einem öffentlichen Statement auszusetzen haben, aber, wie ich meine, haben *sollten, weil es reflexartig ist,* undurchdacht, sich der Wörter nur als Signalwörter bedient, die dem Hörer, der Leserin zurufen: Wir sind uns einig, denn wir benutzen dieselben Phrasen! Die beste Sache kann ruiniert werden, wenn man routinierten Quatsch über sie redet. Es ist sehr schwierig, sich der Gedankenverweigerung um der guten Sache willen zu erwehren, weil man, wenn man die Formulierung kriti-

17 John Stuart Mill, *Über die Freiheit*, Stuttgart 1974, S. 50.

siert, als jemand dasteht, der die Sache bezweifelt – wobei, wenn die Wörter, in denen etwas vorgetragen wird, ihren Sinn eingebüßt haben, fraglich wird, was »die Sache« denn eigentlich sei. Ein Beispiel: Ein britischer Journalist wurde angegriffen, weil er darauf hinwies, dass die Hamas sich des Oktober-Massakers weltweit gerühmt habe, und hinzufügte, noch die nationalsozialistische Führung Deutschlands habe sich bemüht, den Versuch, die jüdische Bevölkerung in den von der Wehrmacht besetzten Gebieten zu ermorden, zu verbergen. Die Reaktion auf diese Worte war, hier werde »der Holocaust verharmlost«. Der Terminus, oder sagen wir besser: das gängige Wort »Verharmlosung« hat seine eigene Problematik, über die ich hier hinweggehe, aber in diesem Fall wird es zum Bekenntnis der Unwilligkeit, informiert zu denken. In der sogenannten Aktion 1005 wurden vor allem in den Jahren 1943/44 Massengräber auf dem Terrain der Vernichtungslager, und wo immer man sie vermutete und fand, ausgehoben und die Leichen verbrannt. Man hatte ja die Leichenfunde von Katyn zu einem Propagandainstrument gegen die Sowjetunion gemacht, man wusste, dass die Gräber, auf die die vorrückende Rote Armee stoßen würde, ähnlich verwendet werden könnten. Diese Annahme, wie die vorige Instrumentalisierung der Ermordeten von Katyn, setzte eine Weltöffentlichkeit voraus, die gewisse moralische Standards nicht aufgegeben hatte. Intern, so die bekannte Himmler-Rede, galten die Massenmorde als »Ruhmesblatt« – aber als eines, das nie zu schreiben sein werde. Die Hamas versteht sich, ihre Morde, die Weltöffentlichkeit – den Teil der Weltöffentlichkeit, auf den es ihr ankommt – anders. Auf diesen Umstand wollte der Journalist hinweisen. Und dieser Umstand ist für die Frage, mit was für einem politischen Akteur man es mit der Hamas zu tun hat, von Bedeutung. Diese notwendigen Überlegungen mit dem phrasenhaften »Verharmlosung« abzuwehren, ist, was Mill meinte: ein Aberglaube, der zufällig mit Worten übereinstimmt, die (sonst) eine Wahrheit bedeuten.

Dieser phrasenhafte Umgang mit historischen Wahrheiten, das Gerede, in dem das Wort »erinnern« mit leerer Emphase vor sich hingesprochen wird, ist nicht zuletzt schuld an groteskem Gegen-Gerede wie dem von dem deutschen Umgang mit dem Holocaust als einer Art Ersatzreligion. Gedankenroutine ist ein ebenso gefährlicher Feind der Wahrheit wie die Lüge. Ich betone das, weil man mit reflexhaftem Reagieren den schwierigen Problemen nicht beikommt, die mit dem Umgang mit dem Prinzip der Pressefreiheit heute verbunden sind.

Was heißt hier »heute«? In der Regel sind die Probleme, mit denen man in seiner Gegenwart konfrontiert ist, gar nicht so neu, wie man fürchtet, und oft fürchtet man sie nur, weil man sie für neu hält. Man kann heute so leicht Fotografien zurechtretuschieren? Gewiss, aber eigentlich wissen wir doch, dass Leute auf plumpe Fälschungen genauso leicht hereinfallen wie auf täuschend echte falsche Bilder. Weil sie nicht auf sie *hereinfallen*, sondern weil sie das, was sie sehen wollen, *gern gezeigt bekommen*, ob es ein als Flugblatt vervielfältigter Holzschnitt ist oder ein bösartiger Unfug auf einer Internetplattform.

Wie wehrt sich eine als Rechtsstaat verfasste Demokratie (das eine ergibt sich ja bekanntlich nicht zwingend aus dem anderen) gegen den Gebrauch der Öffentlichkeit zu ihrem Schaden? Zunächst ist von Bedeutung, dass man sich stets dessen bewusst bleibt, dass Entscheidungen in diesem Bereich immer riskant sind. Ich meine nicht damit, dass diejenigen, die heute Restriktionen dessen, was öffentlich in welcher Weise gesagt werden dürfe, das Wort reden, sich dessen bewusst sein müssen, dass diese Paragraphen einmal durchaus auch gegen sie selbst angewendet werden könnten. Das ist zwar richtig und bedenkenswert, aber es wäre bloße Vorsicht und nicht politische Moral. Ich meine »riskant« in dem Sinne, dass Einschränkungen dessen, was öffentlich diskutiert werden kann, nicht ohne Rückwirkungen auf das Denken selbst sind. Dort, wo Zensur herrscht, blüht das Denken nicht im Geheimen, sondern es stirbt. Dort, wo langjährige Diktaturen durch Demokratien abgelöst wurden, zog man nicht auf einmal die großartigen philosophischen Abhandlungen, politischen Essays oder Staunen machenden Romane unter den Dielenbrettern hervor. Aber das ist nicht unser gegenwärtiges Problem. Dort, wo die Öffentlichkeit einer offenen Gesellschaft zu sehr vor sich selbst geschützt werden soll, gibt es eine schleichende Zensur der Verdummung durch Achtsamkeit. Dagegen ist nur das Kraut des Nicht-Mitmachens gewachsen. Aber es können sich die harten Notwendigkeiten des Schutzes vor direkten oder kaschierten Aufrufen zur Gewalt mit den sanften Wünschen, vor Wörtern und Wortfolgen, die man nicht hören mag, geschützt zu werden, verbinden.

Die »Holocaust-Leugnung« unter Strafe zu stellen, war ein Problem und dieses Verbot (und was es zur Folge hatte) blieb ein Problem. Der Wortlaut des Paragraphen – »in einer Weise, die geeignet ist, den öffentlichen Frieden zu stören« – trägt in Anlehnung an den »Volksverhetzungsparagraphen« dem Rechnung, dass es hier nicht um die Sanktionierung von im Zweifelsfalle bloß törichten Behauptungen geht, sondern um in Tatsachenbehauptungen gekleidete Sympathiebekundungen. Pointiert hat Jean-Paul Sartre 1944, kurz nach der Befreiung von Paris, es so formuliert: »Ich weigere mich [...], eine Lehre, die ausdrücklich auf besondere Personen abzielt und bestrebt ist, ihre Rechte zu beseitigen oder sie auszurotten, eine Meinung zu nennen. [...] Der Antisemitismus fällt nicht in die Kategorie von Gedanken, die das Recht auf freie Meinungsäußerung schützt.« Er fährt fort: »Gewiß kann er in der Form einer theoretischen Aussage auftreten.«[18] Der genaueren Betrachtung, sie sei philologischer oder psychologischer Art, fällt es nicht schwer, Proposition und Sprechakt zu unterscheiden. Dieser Unterscheidung Rechts- und letztlich Paragraphenform zu geben, ist schwierig, bisweilen heikel.

Man streitet immer wieder darüber, wann eine Äußerung »antisemitisch ist«, und wenn man zu dem Schluss kommt, sie sei es nicht, lehnt man sich beruhigt zurück. Aber es geht nicht um das Abhaken von Vokabeln. Sanktioniert werden nicht Meinungen, sondern Sprechakte. Wenn etwa der frühere Hamburger SDS-Aktivist und nunmehr Rechtsradikale

18 Jean-Paul Sartre, *Überlegungen zur Judenfrage*, Reinbek bei Hamburg 1994, S. 10 (franz. Original 1954).

Reinhold Oberlercher zusammen mit Horst Mahler in einem Interview (das rätselhafterweise die ARD ausstrahlte) die Mörder vom 11. September »Helden« nannte, billigte er damit ihre Morde. Wenn früher jemand die Hamas eine »Befreiungsorganisation« nannte, konnte man vielleicht noch annehmen, er kenne ihre Programmatik nicht. Wenn er dasselbe nach dem 7. Oktober sagt, ist allerdings klar: Er billigt ihre Morde als Befreiungstaten. Nur darum geht es: wann solche öffentlichen Bekenntnisse zu Mordtaten strafrechtlich sanktioniert werden sollen und wann nicht. Es ist richtig, dass hier die Frage eine Rolle spielen muss, ob solche direkte oder mehr verklausulierte Billigung »geeignet ist, den öffentlichen Frieden zu stören«, oder nicht.

Das tut – tendenziell – jede antisemitische Äußerung. Der Antisemitismus verhält sich stets affirmativ zu seiner Vorgeschichte, er legitimiert sich durch den Bezug auf seine Persistenz. Das ist eine Eigenart aller langen Verfolgungsgeschichten. Der Antisemitismus ist die historisch längste von ihnen und erweist sich immer wieder als erschreckend erneuerungsfähig. Seine Bekämpfung ist ein zivilisatorisches Anliegen schlechthin. Intoleranz ist hier Gebot. Hier geht es nicht um »die besondere deutsche Verantwortung« – ach, natürlich geht es auch darum, aber der Ton, in dem das *gesagt* wird, klingt, als wolle man sich beim Rest der Welt für eine besondere Empfindlichkeit entschuldigen. Öffentliche Empfindlichkeitsbekundungen klingen oft wie Wünsche, ihrer ledig zu sein. Phrasen sind Signale, dass man das, worüber man zu reden vorgibt, nicht ernst nimmt – und sich selbst obendrein nicht.

Paragraphen, die öffentlich Gesagtes und Bekundetes negativ sanktionieren, richten sich nicht gegen Meinungen, sondern gegen als Meinungen, Ansichten, Weltanschaulichkeiten aller Art vorgebrachte Appelle, Versuche, Öffentlichkeit in einer Ressentimentgemeinschaft umzuwandeln. Es geht nicht um Grenzziehungen zwischen dem, was man *sagen*, eventuell *noch* sagen, wohl *nicht mehr* sagen, *keinesfalls* mehr sagen darf, sondern was eine öffentliche Bekundung *bedeutet*. Das ist, noch einmal, heikel, klingt nach der immer fragwürdigen Suche nach dem »eigentlich Gemeinten hinter dem Gesagten«. Aber das ist nicht die Denkfigur, die diesem Argument zugrunde liegt. Es geht um das Verständnis öffentlicher Äußerungen aus dem Kontext der Rhetorik heraus, die sie trägt.

Gesetze müssen klar genug formuliert sein, um hier keine Willkür zuzulassen. Und sie müssen offen genug sein, um solches Verstehen aus rhetorischen Kontexten und Traditionen möglich zu machen. Andersherum: Paragraphen, die dem in der Öffentlichkeit Gesagten Grenzen ziehen, dürfen keine Instrumente des zufälligen Politikgeschmacks werden, und sie dürfen nicht aus purer unreflektierter Sorge davor Parolen, Slogans oder Traktate zulassen, die die zivilisatorische Selbstbindung durch eine Öffentlichkeit, die der offenen Barbarei Grenzen setzt, ruinieren.

Antisemitismus –
was gibt es da zu erklären?[1]

> Nachdem man in Frankfurt den israelischen Botschafter
> niedergebrüllt hat, hilft die Versicherung, das sei nicht aus
> Antisemitismus geschehen [...], nicht das mindeste. [...]
> Du müßtest nur einmal in die manisch erstarrten Augen
> derer sehen, die, womöglich unter Berufung auf uns selbst,
> ihre Wut gegen uns kehren. Ich kann mir schwer vorstellen,
> daß Du diese Art Entsublimierung gemeint hast ...
>
> *Theodor W. Adorno, Brief an*
> *Herbert Marcuse vom 19. Juni 1969*

Zunächst zwei Erläuterungen zum Titel. Die erste bezieht
sich auf die Frage »Was gibt es da zu erklären?«. Ich meine
nicht: Was gibt es da zu sagen, alles liegt doch auf der Hand.
Bei einem so oft debattierten, so umstrittenen, so sehr mit
Definitionsstreit überzogenen Phänomen wie dem Antisemitismus wäre das eine nonchalante Leichtfertigkeit. Ich
möchte damit auch nicht signalisieren, dass ich mich auf
die akademischen Debatten darüber, was eigentlich eine
»Erklärung« sei, einlassen möchte, also auf Fragen wie, ob
es in sozialen Prozessen etwas wie Kausalität gebe, wie der
Unterschied von »erklären« und »verstehen« beschaffen sei,
ob »erklären« vielleicht etwas sei, was nur in den Naturwissen-

---

1 Vortrag gehalten am 15. 1. 2024 an der Universität für
  angewandte Kunst Wien.

schaften seinen wissenschaftstheoretischen Ort habe – und so weiter. Das also nicht. Ich möchte mich auf das beziehen, was ich anderswo einmal »Erklärungsbegehren« genannt habe, also den meist öffentlich vorgetragenen Wunsch, etwas, das etwa die Nachrichten beherrscht und manche irritiert, »erklärt« zu bekommen. Dabei wird nie ausgeführt, was man eigentlich haben möchte, wenn man eine »Erklärung« will. Nur eines wird deutlich: Erklären ist offensichtlich Irritationsabwehr. Etwas verstört, man fragt: »Können Sie das bitte erklären?«, und wenn etwas folgt, das der Fragende als »Erklärung« akzeptiert, kann er etwas sagen wie »Ach so!« und vielleicht immer noch beunruhigt sein, aber nicht mehr durch das vermeintlich Rätselhafte der Angelegenheit beunruhigt.

Diese Vorstellung von Beruhigen-durch-Erklären fußt meist auf der Idee, dass, wie man so sagt, »etwas dahinter steckt«. Wie wenn man einen Vorhang sich bauschen sieht, die Bewegungen nicht deuten kann, aber, wenn der Vorhang beiseitegezogen wird, sieht, wer oder was dahinter steckte und was er oder sie oder es da eigentlich gemacht hat: »Ach so!« Dass der Wunsch nach Erklärung im Sinne von Herausfinden-was-dahinter-steckt häufig durch die Auskunft, die Freimaurer, das Finanzkapital oder die Juden seien es gewesen – wir nennen so was heutzutage »Verschwörungstheorien« –, befriedigt wird, sei hier nur erwähnt. Der Wunsch nach Erklärung ist nicht dem Bedürfnis, Verschwörungserzählungen serviert zu bekommen, *gleichzusetzen*, kann aber bei manchen Leuten darauf *hinauslaufen*. So viel als Vorbemerkung zum zweiten Teil des Titels.

Zum ersten Teil, »Antisemitismus«. Ich werde *nicht* darüber sprechen, wann jemand ein Antisemit »ist«. Bekannt sind Gesprächsabläufe wie dieser: »Was du da eben gesagt hast, ist antisemitisch!« – »Ich bin aber kein Antisemit!« Die Selbstaussage »Ich bin kein Antisemit« hat mit der Vorhaltung, etwas Gesagtes sei antisemitisch, erst einmal rein gar nichts zu tun. Jemanden kategorisierend einzuordnen kann unter Umständen richtig und gerechtfertigt sein, ist aber selten interessant. Meistens geht es darum, zu beurteilen, was einer sagt und tut. Ich kann eine Äußerung oder ein Benehmen mit guten Gründen scharf kritisieren, ohne gleich die ganze Person der oder des Kritisierten als Verkörperung dessen, was an der Äußerung zu kritisieren war, anzusehen. Umgekehrt ist es absurd, wenn auf den Satz: »Nein, ein Antisemit ist er nicht«, etwas wie ein Aufatmen folgt, etwas wie: »Dann ist es ja halb so schlimm.«

Meistens – ich greife vor – arbeiten sich Versuche, den Antisemitismus zu erklären, daran ab, Eigenschaften von Juden, Besonderheiten der jüdischen Religion, der Diasporagemeinschaften zu suchen, die den Antisemitismus plausibel machten. Für solche Versuche hat Jean-Paul Sartre in seiner 1944, gleich nach der Befreiung von Paris, verfassten und erschienenen Schrift *Überlegungen zur Judenfrage* den passenden lakonischen Kommentar gefunden: Was würde man zu jemandem sagen, der meine, »es muß etwas an der Tomate sein, da es mir graust, sie zu essen«?[2]

2 Jean-Paul Sartre, *Überlegungen zur Judenfrage*, Reinbek bei
   Hamburg 1994, S. 11 (franz. Original 1954).

Auch wird es im Folgenden nicht um die Frage gehen, wann »Israelkritik« (ein merkwürdiges Wort nebenbei) antisemitisch sei, als ob es sich um eine Frage des rechten Maßes handelte. Die Frage muss nicht lauten, bis zu welcher Grenze »Israelkritik« »erlaubt« und wann sie »antisemitisch« sei, sondern in welcher Form der Judenhass die Form von – noch einmal das Wort – »Israelkritik« annimmt. – So viel zu den Vorbemerkungen.

Der Begriff »Antisemitismus« kommt im späten 19. Jahrhundert auf, oft verbindet man ihn mit dem deutschen Journalisten Wilhelm Marr, der 1879 eine Schrift mit dem Titel *Der Sieg des Judentums über das Germanentum* veröffentlichte, in der er die Juden nicht als eine durch einen gemeinsamen Glauben konstituierte (und definierte) Gemeinschaft, sondern als eine besondere (orientalische) Rasse bezeichnet, die schon in ihrer geografischen Herkunftsregion aus Gründen angefeindet worden sei, in Europa dann sich durch parasitäres Koexistieren mit den übrigen Rassen und vor allem der germanischen ausgezeichnet habe. Der Antisemitismus sei gewissermaßen das wissenschaftliche Fundament des Antijudaismus, der sich selbst als Religionsauseinandersetzung missverstanden habe. Eine Reihe von Leuten, die sich über den Antisemitismus Gedanken gemacht haben, sind der Meinung, der Antisemitismus beginne im Grunde erst mit dieser Verbindung von Judenfeindschaft und der Idee menschlicher Rassen mit vererbbaren Eigenschaften. Alles Vorherige sei Religion und könne mit zunehmender Säkularisierung irgendwie von selbst abgebaut werden.

Dem liegen zwei Gedankenfehler zu Grunde. Der erste ist die Annahme, mit dem Bedeutungsverlust der ideologischen Rahmung eines Ressentiments verliere auch dieses an Bedeutung. Diese Annahme verkennt den seelischen Gewinn, den die Pflege eines Ressentiments mit sich bringt. Die Pflege eines Ressentiments ist die aufwandärmste Weise, ein Überlegenheitsgefühl zu gewinnen und auf Dauer zu stellen. Die Pflege eines Ressentiments ist ein seelischer Machtgewinn, ein imaginierter, gewiss, aber Imaginationen können danach streben, sich die Wirklichkeit untertan zu machen, und können verteufelt erfolgreich dabei sein. Die ideologische Rahmung eines Ressentiments kann verfaulen wie eine Frucht, und der Kern – das Ressentiment – bleibt übrig.

Der zweite Gedankenfehler liegt darin, dass man meint, für die Idee, die Juden hätten verderbliche Eigenschaften, die ihnen wesensmäßig zugehörten und die sie über die Jahrhunderte vererbten, hätte es die Rassenideologie des 19. Jahrhunderts gebraucht. Das ist interessanterweise nicht der Fall. Die Betrachtung dieses Mechanismus führt unmittelbar in das Verständnis der historischen Dynamik des Antijudaismus (ob man ihn nun so oder »Antisemitismus« nennt) hinein.

Erlauben Sie einen Sprung zurück, und zwar ins Spanien des Jahres 1492. In diesem Jahr sticht Kolumbus in See, um auf dem Westweg Indien zu finden, und kommt in der Karibik an. In diesem Jahr endet die Reconquista, die »Rückeroberung« der von muslimischen Arabern eroberten und besetzten iberischen Halbinsel, die gleich nach der Eroberung im frühen 8. Jahrhundert beginnt und sich als ein permanentes Neben- und Nacheinander von Kriegszügen und friedlichen Koexistenzen bis eben ins Jahr 1492 hinzieht, in dem das letzte muslimische Fürstentum Granada fällt und Spanien unter dem kastilisch/aragonischen Königspaar Isabella und Ferdinand vereinigt wird (Portugal war schon seit dem 12. Jahrhundert ein christliches Königreich). Los Reyes Católicos, die auch gleich einen Inquisitor aus Rom kommen ließen, stellten die spanischen Juden vor die Alternative, zum Christentum zu konvertieren oder zu emigrieren. Nach christlicher Logik wäre ein konvertierter Jude kein Jude mehr, sondern eben ein Christ gewesen, aber die christliche Politik gegenüber den im Land gebliebenen, also getauften Juden war eine andere. Man überwachte sie, ob sie nicht im Geheimen weiter jüdischen Gebräuchen folgten, also etwa am Sabbat nicht arbeiteten, auch keine Hausarbeit machten (es wurde nach Schornsteinen geschaut, die am Samstag nicht rauchten), man fragte bei Metzgern nach Familien, die kein Schweinefleisch kauften, etc.

Der meist natürlich gerechtfertigte Verdacht, die (zwangs-)getauften Juden seien keine richtigen Christen, ihr Bekenntnis sei nicht echt, weil eben erzwungen, transformierte sich zu der fixen Idee, ein Jude bleibe ein Jude, gleich welchem Bekenntnis er sich offiziell verpflichte. Man begann eine Abstammungslogik zu konstruieren und Grade der »limpieza de sangre«, der »Reinheit des Blutes«, zu definieren, wobei man in etwa die Nürnberger Rassengesetze des nationalsozialistischen Deutschlands vorwegnahm und Volljuden, Halbjuden, Vierteljuden etc. unterschied. Das Spanien der nächsten Jahrhunderte definierte »den Juden« nach dem Phantasma der Blutreinheit, also rassistisch, ohne einen eingeführten Begriff menschlicher »Rassen« überhaupt zu haben. Die Maßnahme, Juden mit einem auf die Kleidung aufgenähten gelben Stofffleck zu kennzeichnen, stammt aus Spanien und wurde in Deutschland als Kennzeichnung durch einen gelben Davidstern wiederaufgenommen, wie auch die Nürnberger Rassengesetze wirken, als seien die spanischen Bestimmungen zum Vorbild genommen. – Auch die Idee einer jüdischen Weltverschwörung können wir dort beobachten. Die deutsche Reformation galt als antikatholische Verschwörung der aus Spanien vertriebenen Juden.

Dies ist keine spezielle Sonderbarkeit aus der Geschichte der Judenfeindschaft, sondern eine exemplarische Episode. Es tritt in ihr ein allgemeiner Mechanismus zutage, der für lange Verfolgungsgeschichten charakteristisch ist: Sie werden zur Begründung ihrer selbst, und zwar in zweierlei Hinsicht. Einmal weil den Verfolgten unterstellt wird, sie würden sich rächen wollen. Zweitens weil zur Legitimation von Diskriminierung, Verfolgung und Mord immer wieder herangezogen wird, dass man es doch schon früher getan habe – ergo könne es nicht ohne Grund geschehen sein.

Das spanische Beispiel hatte Vorläufer, die demselben Muster gehorchten. Eine antijüdische Verfolgungswelle während der großen Pest wendet sich gegen religiös definierte Juden, dann in Gegenden, wo denen der Aufenthalt verboten war, gegen getaufte, die ermittelt und verbrannt wurden.[3]

3 Vgl. Jan Philipp Reemtsma, *Vertrauen und Gewalt. Versuch über eine besondere Konstellation der Moderne*, Hamburg 2008, Kapitel »Terroratio«, S. 405–423.

Das Muster ist, wie gesagt, charakteristisch für alle langdauernden Verfolgungsgeschichten. Der Ausbruch (wenn man es denn so nennen will) der Cheyenne aus dem ihnen seitens der Washingtoner Regierung zugewiesenen Territorium aufgrund unzumutbarer Lebensbedingungen verbreitete weiträumig Angst und Schrecken und führte zu der Mobilisierung der Armee, obwohl da nur ein Häuflein heruntergekommener, kaum bewaffneter Menschen sich auf den Weg gemacht hatte – Frauen, Kinder, Greise, wenige Männer, die ein Blick, der nach Bedrohlichem suchte, als »Krieger« hätte identifizieren können. Man fürchtete nicht eine reale Bedrohung, sondern eine als real phantasierte, bestehend aus Menschen, denen man viel angetan hatte und denen man unterstellte, sie würden sich – wenn sie denn könnten – rächen wollen. Es ist der psychische Kern vieler Gespenstergeschichten, wie zum Beispiel Heinrich von Kleists *Das Bettelweib von Locarno*: Die einmal Ermordeten sind nicht tot, sie suchen die Lebenden, die Schuldigen heim. Woher bezog man im antiken Griechenland die besten Türschlösser? Aus Sparta, denn die spartanischen Vollbürger herrschten über eine große unfreie Bevölkerung, die Heloten, die sie als ständige Bedrohung empfanden. Zu Beginn des Peloponnesischen Krieges machte man den Heloten das Angebot, sich in das spartanische Heer aufnehmen zu lassen und nach beendetem Krieg den Bürgerstatus zu erlangen. Diejenigen, die sich auf dieses Angebot meldeten, wurden in einer Schlucht, vorgeblich zur Musterung, versammelt und umgebracht. Was war, nach den Tagebüchern von Victor Klemperer, der sichere Ort, an dem man sich in

Dresden treffen konnte, weil Gestapo und SS nie dorthin gingen?: der jüdische Friedhof. »Der Friedhofsverwalter«, schreibt Klemperer, »hat Amtswohnung dort draußen; er sagt, er habe keine Haussuchung zu befürchten; die Gestapo habe Angst vor den Toten« – »vor *ihren* Toten!«, fügt Klemperer hinzu.[4]

So ist auch der antiafrikanische Rassismus eine *Folge* der barbarischen europäischen Sklaverei, *nicht* deren *Ursache*. Im Mittelalter galt schwarze Haut als schön, zuweilen erhoffte sich das europäische Christentum sein Heil vom Auftreten des »Priesterkönigs Johannes«, der von überallher kommen konnte, vermutlich aber aus Äthiopien kommen würde. Es gab den heiligen Zeno, der dunkelhäutig war, einem der Heiligen Drei Könige (Caspar, meist Balthasar) wird eine dunkle Haut zugeschrieben, und schließlich gibt es sogar eine Schwarze Madonna mit Schwarzem Jesuskind. Es gibt den Schwarzen Helden Mauritius, in Wolfram von Eschenbachs »Parzival« sagt die Königin Belacane: »mir diende ein ritter, der war was wert. [...] der helt was küene unde wîs [...], er was gein valscher fuore ein tôr, / in swarzer varwe als ich ein môr.« (Ein edler Ritter diente mir [...], der Held war mutig und klug [...] ohne Falsch, er war so schwarz wie ich, ein Mohr.)[5] Die Abwertung »des Schwarzen« erfolgt im Zuge der beginnenden Neuzeit – aus unterschiedlichen Ursachen; der bösartige antischwarze Rassismus entsteht

---

4 Victor Klemperer, *Ich will Zeugnis ablegen bis zum letzten*, Bd. 2, Berlin 1995, S. 293.
5 Wolfram von Eschenbach, *Parzival*, I, 26.

als *Folge* der Sklaverei.[6] Das Gesicht des »bösen Schwarzen«, der auf Mord aus ist, allenfalls halbmenschlich, ist das Bild, das Herman Melville in *Benito Cereno* oder Steven Spielberg in seinem Film *Amistad* zeichnet, das Bild des Schwarzen in dem schrecklichen Moment, in dem er seine Ketten sprengt – Spielbergs Kamera ist gleichsam das Auge des Weißen, der seinen Albtraum wahr werden sieht.

Zurück zur Geschichte des Antisemitismus. Im Jahre 1749 schreibt der junge Gotthold Ephraim Lessing das Theaterstück *Die Juden*. Für unsere Zwecke reicht es aus, den Inhalt so zusammenzufassen: Am Anfang steht ein Überfall auf eine Reisekutsche, die Räuber haben sich so ausstaffiert, dass man sie als Juden identifiziert. Sie können ihren Überfall nicht ausführen, weil einer der Reisenden sie in die Flucht schlägt. Der andere Mitreisende, ein »Baron«, wie er nur genannt wird, bedankt sich, trägt dem »Reisenden« seine Freundschaft an. Sie kommen auf den Überfall zu sprechen – der Baron: »Daß es wirkliche Juden gewesen sind, die mich angefallen haben [...], warum sollte ich auch daran zweifeln? Ein Volk, das auf den Gewinst so erpicht ist, fragt wenig danach, ob es ihn mit Recht oder Unrecht, mit List oder Gewaltsamkeit erhält [...]. Und ist es nicht wahr, ihre Gesichtsbildung hat gleich etwas, das uns wider sie einnimmt? Das Tückische, das Ungewissenhafte [...].«[7] Am Ende

---

6 Vgl. zur Wandlung des Bildes der Afrikaner: Peter Martin, *Schwarze Teufel, edle Mohren. Afrikaner in Bewußtsein und Geschichte der Deutschen*, Hamburg 1993.

7 Gotthold Ephraim Lessing, *Die Juden. Ein Lustspiel in einem Aufzug*, in: Ders., *Werke 1743–1750*, hg. von Jürgen Strenzel, Frankfurt am Main 1989, S. 460 f.

werden die Räuber gefasst, ihre Verkleidung wird entdeckt, und es stellt sich heraus, dass der »Reisende«, der sich in dem Stück als überaus freundlicher, gerechter, gewissenhafter Mensch gezeigt hat, Jude ist. Das Stück selbst ist insofern bemerkenswert, als es, wenn auch auf theatralisch eher biedere Weise, eines der wenigen literarischen Zeugnisse ist, in denen gegen den allgemein grassierenden Antijudaismus Position bezogen wird, für uns aber ist eine *Reaktion auf dieses Stück* von Interesse, eine Rezension, in der es heißt, die Figur des Reisenden/Juden sei »so vollkommen gut, so edelmütig, so besorgt, ob er auch etwann seinem Nächsten Unrecht tut«, dass dies – schreibt der Rezensent: für einen normalen Menschen recht ungewöhnlich sei?, nein: –, dass dies für einen Juden »zwar nicht unmöglich, aber doch allzu unwahrscheinlich« sei. Und zwar warum? Weil ein Jude durch »die üble Begegnung der Christen [...] zu sehr mit Feindschaft« gegen sie erfüllt sein müsse, um realistischerweise als Vorbild für eine solche Figur zu taugen.[8] So wird das Ressentiment gegen die Juden gerechtfertigt: Man misstraue Juden zu Recht, weil sie aufgrund der Behandlung durch die Christen notwendigerweise voller Ressentiment gegen diese seien.

Im November 1879 schreibt der anerkannte Historiker Heinrich von Treitschke in den *Preußischen Jahrbüchern* einen Artikel, überschrieben mit »Unsere Aussichten«, mit dem das beginnt, was man später den »Berliner Antisemitismusstreit« genannt hat. Dieser Artikel ist für die Geschichte des

8 Zitiert von Lessing in seinem Aufsatz »Über das Lustspiel Die Juden«, ebd., S. 490.

modernen deutschen Antisemitismus von großer Bedeutung, da mit ihm die vulgäre antijüdische Agitationssprache akademisch salonfähig wurde, er ist für diesen Vortrag von Interesse, weil hier noch einmal zu sehen ist, wie sich die antisemitische Rhetorik aus dem Selbstbezug speist. Treitschke versteht sich als jemand, der sich aufgerufen fühlt, etwas auszusprechen, das andere auszusprechen sich nicht trauten, obwohl doch die meisten Deutschen dasselbe empfänden – und in einem späteren Artikel bringt er es dann auf den Punkt, indem er das bekannte Wort prägt: »Die Juden sind unser Unglück.«

»Vor wenigen Monaten«, so Treitschke, habe es ein Tabu gegeben, die Wahrheit über Juden zu sagen: »wer sich unterstand über irgend eine unleugbare Schwäche des jüdischen Charakters gerecht und maßvoll zu reden, ward sofort fast von der gesamten Presse als Barbar [...] gebrandmarkt.« (Sie kennen dies »Man darf ja nicht sagen ...«, in Deutschland werde, wer etwas gegen Israel sage, immer gleich als Antisemit bezeichnet (so etwa Judith Butler)?) Die immer vorhandene, nur durch die gelenkte – lies: durch die jüdische Presse gelenkte – öffentliche Meinung unterdrückte Abneigung gegen die Juden sei nun durch ungehinderte Immigration von Juden aus Osteuropa virulent geworden: »über unsere Ostgrenze dringt Jahr für Jahr aus der unerschöpflichen polnischen Wiege eine Schar strebsamer hosenverkaufender Jünglinge herein, deren Kinder und Kindeskinder dereinst Deutschlands Börsen und Zeitungen beherrschen.« Und er fügt hinzu, die Juden anderswo, die, wie er es formuliert, »Israeliten des Westens und Südens gehören zumeist dem spanischen Judenstamme an«, mit dem sich einigermaßen leben lasse. »Wir Deutschen aber haben mit jenem polnischen Judenstamme zu thun, dem die Narben vielhundertjähriger christlicher Tyrannei sehr tief eingeprägt sind; er steht erfahrungsgemäß dem europäischen und namentlich dem germanischen Wesen fremder gegenüber.«[9] Worauf bezieht sich Treitschke? Die Juden Osteuropas waren die Nachkommen der Juden, die aus Deutschland durch die Pogrome, die während des Ersten Kreuzzugs stattfanden (1069), vertrieben worden waren. Osteuropa war bis ins 19. Jahrhundert Schauplatz immer wiederkehrender Pogrome. Noch einmal also: Unser Ressentiment gegen die (osteuropäischen) Juden ist in deren Ressentiment aufgrund unserer Verbrechen an ihren Vorfahren gut begründet. Der jüdische Historiker Heinrich Graetz schrieb entgeistert: »Diese Logik urteilt: Weil die Juden seit 1500 Jahren ungerecht, grausam ›diabolisch‹ verfolgt wurden – darum müssen sie noch weiter verfolgt werden.«[10] Das ist der Antisemitismus auf den Nenner gebracht.

Treitschke verbindet dieses traditionelle Argument mit seiner rassentheoretischen Modernisierung: Um religiöse Feindschaften gehe es nur gleichsam an der Oberfläche, entscheidend sei die »Kluft zwischen abendländischem und semitischem Wesen [...]; es wird immer Juden geben, die

9 Heinrich von Treitschke, »Unsere Aussichten«, in: *Der Berliner Antisemitismusstreit. Eine Textsammlung von Walter Boehlich*, neu hg. von Nicolas Berg, Berlin 2023, S. 70.
10 Heinrich Graetz, »Mein letztes Wort an Professor von Treitschke«, in: *Berliner Antisemitismusstreit*, S. 118.

nichts sind als deutsch redende Orientalen«.[11] Eine der Reaktionen auf Treitschkes Schrift stammt von einem gewissen Heinrich Nordmann, der sich darüber mokiert, dass die
feinen deutschen Professoren erst jetzt gemerkt hätten, was
die ganze Welt doch seit Tausenden von Jahren wisse: Sie
»haben vergessen, daß«, was man heute »Judenhetze« nen-
ne, »dreitausend Jahre früher anhob, nämlich als Osarsiph
(Moses) seine Horde arbeitsscheuer und schmutziger Diebe
aus Aegypten flüchtete und sie das ›auserwählte Volk Gottes‹ nannte, mit dieser Ueberhebung den Charakter der Juden ausdrückend.« Diese »Judenhetze«, sprich: die Einsicht
in die wahre Natur der Juden, habe »seitdem nie und bei
keinem Volke aufgehört«.[12] Das Wort »jüdisch« sei darum in
allen Sprachen ein »Ausdruck des Ekels«. Nordmann versteht die »jüdischen Eigenschaften« als erblich aufgrund einer dreitausend Jahre andauernden »Inzucht«.[13] Als Lösung
der von ihm so definierten Judenfrage schlägt er spezifische
Berufsverbote (Börse und Schankgewerbe), Verbot von Im-
mobilienbesitz, Aberkennung des Wahlrechts und einiges
mehr vor: »Diese Maßregeln müßten auch für reinblütige
getaufte Juden und für jüdisches Mischblut bis mindes-
tens zur dritten Mischgeneration gelten.«[14] Zwei Gedanken,
wenn man es denn so nennen möchte, verbinden sich: die
Idee einer jahrtausendealten antisemitischen Tradition, die

11 Treitschke, »Unsere Aussichten«, S. 74.
12 Naudh (Heinrich Nordmann), »Professoren über Israel«,
   in: *Berliner Antisemitismusstreit*, S. 340.
13 Ebd., S. 348.
14 Ebd., S. 357.

zum Argument für ihre innere Wahrheit wird, und die Idee von Rasse und Blutreinheit.

Die Geschichte der Versuche, den Antisemitismus zu »erklären«, ist lang und unübersichtlich. Beliebt sind Ursprungserzählungen, in denen Aspekte aus der Geschichte des Judentums herausgegriffen und zu Ursachen erklärt werden. So wird etwa das Bild vom geldgierigen Juden auf die besondere Rolle von Juden im Finanzgeschäft zurückgeführt. Tatsächlich galt lange Zeit ein Verbot für Christen, Zinsen zu nehmen, und die wirtschaftlich notwendige Rolle der Kreditvergabe wurde von Juden übernommen. Nicht unplausibel, dass sich daran Geschichten knüpften wie die von Shakespeare im *Kaufmann von Venedig* dramatisierte des Shylock, der sich als Ersatz für einen nicht zurückgezahlten Kredit ein Stück Fleisch aus dem Leibe des säumigen Zahlers vertraglich verschreiben lässt. In einem türkischen Märchen[15] ist das übrigens ein armenischer Geldverleiher. Aber, wie schon Sartre in seiner erwähnten Schrift über die »Judenfrage« anmerkte, wieso richtet sich das Ressentiment nicht gegen Bankiers schlechthin, sondern gegen Juden (ganz gleich, ob sie im Bankgewerbe tätig sind oder nicht)? – Eine andere populäre Erklärung besteht in dem Hinweis (wir haben ihn vorher schon von Nordmann gehört), die Selbstbezeichnung als »auserwähltes Volk« habe gewissermaßen die Nachbarn der Juden und alle Welt seitdem verärgert. Nun ist es Brauch bei vielen Völkern, dass die Selbstbenennung synonym mit der Bezeichnung für »Mensch« ist,

---

15 »Das Gebet des Kadi«, in: Elsa Sophia Kamphoevener, *An Nachtfeuern der Karawan-Serail*, Hamburg 1956/57.

was noch nie zur Begründung für irgendwelche Kränkungs-
feldzüge wurde. Zudem ist die Idee, ein Gott erwähle sich
eine bestimmte Bevölkerung – eines Landes, einer Stadt,
einer Sippe – zu seinen Günstlingen, antike ubiquitäre Gewohnheit. Die Unterstellung, eine solche Selbstbezeichnung
(die es übrigens bei den Christen, im Petrus-Brief, genauso
gibt) habe einen über Jahrtausende andauernden Hass beim
Rest der Menschheit – denn Antisemitismus ist ja ein inter-
nationales Phänomen – ausgelöst, der in einem millionenfachen, systematisch betriebenen Massenmord gipfelte, ist
vollkommen bizarr. Im Grunde läuft er auf den Versuch hinaus, am Antisemitismus den Juden die Schuld oder doch
wenigstens eine Mitschuld zu geben, etwas wie: »Ja, man
hat euch Schlimmes angetan, aber dass ihr euch ein auserwähltes Volk genannt habt, musste uns doch verdrießen.«
Jedenfalls gehört der immer gern wiederholte Hinweis auf
das »auserwählte Volk« zur Legitimationsrhetorik des Antisemitismus, der nicht zuletzt mit ihm auf seine lange Tradition und seine in ihr begründete Berechtigung hinweist.

Ein weiterer Erklärungsversuch liegt in dem Hinweis
auf die Separierungstendenzen des Diaspora-Judentums.
Die in der auf die Niederschlagung von Aufständen gegen
die römische Besatzung und die Zerstörung des Tempels
(70 n. Chr.) folgenden Zeit in asiatische, afrikanische und
europäische Länder geflohenen und emigrierten Juden hätten sich nie in die sie umgebenden Gesellschaften integriert
und seien darum stets Fremde geblieben mit allen sich da-
raus ergebenden Konsequenzen. Was insofern stimmt, als
sowohl in christlichen wie moslemischen Ländern die Ange-

hörigen anderer Religionen nicht integriert wurden. Dass die Pflege einer eigenen Religion, die aufgenötigte soziale Separierung in sogenannten Ghettos die verschiedenen Formen antijüdischen Furors zur Folge gehabt hätten, ist wiederum die Übernahme antisemitischer Legitimationsrhetorik als »Erklärung« (die Juden haben sich nicht anpassen wollen) und die Uminterpretation eines Teils der Verfolgung als Ursache ihrer selbst. Die Separierung ist ja Teil einer Misstrauens- und Überwachungsobsession, nicht deren Ursache, und in der Praxis ihre Verstärkung.

Alle diese scheinbaren Erklärungen des Antisemitismus setzen als gegeben und nicht weiter erklärungsbedürftig voraus, was eigentlich erklärt werden soll: dass Juden eben verfolgt werden. Entweder liegt es an irgendeiner Eigenschaft, die einsehbarerweise alle anderen gegen sie aufbringt – man denke an Sartres Sarkasmus: »Es muß etwas an der Tomate sein, da es mir graust, sie zu essen« –, oder es wird ein Moment aus der Geschichte der Verfolgung selbst genommen, das als Ursache der Verfolgung ausgegeben wird. Am Ende aller hilflosen Erklärungsversuche steht der klassische Witz: »Die Juden sind unser Unglück!‹ ›Nein, die Radfahrer!‹ ›Wieso die Radfahrer?‹ ›Wieso die Juden?‹«

Für Antisemiten ist der Antisemitismus eine Evidenz. Es war schon immer so, weil die Juden eben sind, wie sie sind, und das zeigt sich daran, dass wir Antisemiten sie immer schon gehasst haben. Das geht bis zu schauerlichen Lächerlichkeiten wie dem Satz, der in einer Gruppendiskussion des Frankfurter Instituts für Sozialforschung fiel, die Geschichte von den zur Sabbatfeier geschlachteten Christenkindern könne nicht falsch sein, weil sich doch niemand so was ausdenke.[16] Die Juden werden zu Recht verfolgt, denn so böse können wir ja nicht sein, dass wir sie grundlos verfolgten. Sie hassen uns, sie wollen uns vernichten, darum müssen wir ihnen zuvorkommen: 1944 liest Victor Klemperer in der *Dresdner Zeitung*: »Der Feind will uns ganz vernichten, von wahnwitzigen jüdischen Haßphantasien getrieben.«[17]

Die Versuche, die nationalsozialistische Diskriminierungs-, Verfolgungs- und Vernichtungspolitik zu erklären, ohne sie als Kumulationspunkt einer zweitausend Jahre alten europäisch-christlichen Obsession zu verstehen, zeigen in besonderer Weise die Hilflosigkeit der Versuche, den Antisemitismus zu »erklären«, indem man nach einer besonderen Ursache für ihn sucht. Alles Mögliche soll die europaweite Verfolgung und Ermordung der Juden gewesen sein – nur kein Hass auf die Juden. Sie sei – zum Beispiel – Bevölkerungspolitik gewesen, also die Idee großräumiger Neuordnung Europas nach ethnischen Gesichtspunkten. Gewiss gab es solche Raumplanungen, gewiss war die Umsiedlung von Juden von hier nach da Bestandteil dieser Planungen – aber die sich dann anschließende Frage, warum es denn allein die Juden gewesen waren, die man ghettoisiert und dann zu Millionen ermordet hatte, fällt dabei unter den Tisch oder es wird etwas wie »Gewiss, der Antisemitismus spielt auch eine Rolle« nachgeschoben. Dass nichtjüdische

16 Vgl. Theodor W. Adorno, »Die autoritäre Persönlichkeit«, in: Ders., *Vorträge 1949–1968*, S. 259 (Adorno zitiert aus dem Protokoll 34 des »Gruppenexperiments«).
17 Reemtsma, *Vertrauen und Gewalt*, S. 430.

Deutsche von dem durch Deportationen frei werdenden Wohnraum profitiert hätten – wer will das bestreiten. Aber die »Erklärung« eines millionenfachen Mordes wäre Wohnraumbeschaffung gewesen?

Bei solchen Erklärungsversuchen wird immer wieder übersehen, dass menschliches Handeln nicht säuberlich in Zweck und Mittel zerfällt. Gewiss ist ein Raubmord auch eine Geldbeschaffung, aber ein Mord ist nicht einfach ein Mittel zur Geldbeschaffung. Der Raubmörder wählt diese Tat (und keine andere), und sie hat verschiedene Aspekte, von denen die Geldbeschaffung einer ist. Welche anderen noch erwähnenswert sind, um ein komplettes Bild der Tat zu bekommen, versucht man vor Gericht zu klären, und ein Teil dieser Klärung kann ein psychologisches Gutachten sein – jedenfalls wird man der Lebensgeschichte dessen, der die Tat begangen hat, Aufmerksamkeit widmen.

Menschen setzen sich nicht irgendwelche Zwecke nach individueller Präferenz und sichten dann vor dem inneren Auge die möglichen Mittel zu ihrer Erreichung – jedenfalls nicht in der nahezu unendlichen Spannweite des Möglichen. Was als »möglich« überhaupt in Erwägung gezogen wird, hängt von vielem ab, nicht zuletzt von gesellschaftlichen wie individuellen Normen und Wertmaßstäben. Lassen Sie mich das an einem bewusst krass konstruierten Beispiel verdeutlichen. Ein Mensch schlägt einem anderen mit einem Hammer den Schädel ein. Als Begründung für sein Handeln gibt er an, er habe eine Fliege auf der Stirn des anderen töten wollen. Wir würden nicht sagen, er habe zu einem ungewöhnlichen Mittel gegriffen, ebenso wenig wie wir sagen würden, jemand, der sagt, 2 mal 2 sei 324, habe sich verrechnet.

Wer sagt, 2 mal 2 sei gleich 324, tut irgendetwas Merkwürdiges, jedenfalls teilt er uns nicht das Ergebnis eines Rechenvorgangs mit. Wer einem Menschen den Schädel mit einem Hammer einschlägt, tötet damit auch dann, wenn dabei eine Fliege ums Leben kommt, nicht in erster Linie eine Fliege, und der Rest ist irgendwie dabei »passiert«. Der Mord an Millionen von Menschen, die Juden waren, ist nicht wegen irgendeines damit verfolgten anderen Zieles unternommen worden, sondern er wurde unternommen, weil man diesen Mord wollte – und es gab alle möglichen Dinge, die in seinem Vollzug miterledigt wurden. Man verschaffte sich Haare für Matratzen, schmolz Zahngold ein, Topf & Söhne verkaufte Krematorien, IG Farben plante, einen Großbetrieb in Auschwitz zu errichten, nichtjüdische Deutsche und Österreicher zogen in leere Wohnungen ein und kauften billig »Judenmöbel«, die auch so hießen. Das war ein (sollen wir es so nennen?) Kollateralnutzen. Aber keine »Ursache«, nichts, was zur »Erklärung« herangezogen werden könnte. Natürlich fiel bei den antijüdischen Pogromen, die sich in West- und Osteuropa über die Jahrhunderte immer wieder ereigneten, Plündergut an, gewiss haben manche an den Pogromen teilgenommen, weil es für sie »etwas zu holen« gab, aber *nicht deswegen* ist es zu diesen Pogromen gekommen.

Der europäische Antisemitismus ist eine Folge des bereits in den Gründungsschriften des Christentums gepflegten Antijudaismus, und er hat im Laufe der Geschichte seiner

Selbstlegitimation auch vorchristliche antijüdische Ressentimentsplitter (die es gab, wie es antiägyptische, antibabylonische gab) in sein Mosaik eingefügt. Der Antijudaismus bzw. Antisemitismus hat seine Legitimation zunächst aus der christlichen Doktrin vom Gottesmord (oder wenigstens der jüdischen Weigerung, die Gottesidentität des Jesus von Nazareth anzuerkennen) genommen und bis ins 20. Jahrhundert zumindest christlicherseits gepflegt. So berichtet Theodor Herzl, der beim Papst Unterstützung für das Projekt, in Palästina einen jüdischen Staat zu gründen, suchte, der habe ihm beschieden, die Juden hätten Christus nicht anerkannt, drum werde er das jüdische Volk nicht anerkennen. Aber die fundamental-religiöse Marotte wird man nicht zur »Erklärung« von Auschwitz heranziehen. Zwar gehört zur christlichen Religion – wie zur moslemischen, die ebenfalls antijüdische Pogrome zu ihrer Geschichte zählt – die Abneigung gegen und zuweilen der Hass auf die Vorgängerreligion, die sich der Bekehrungsnötigung verweigert – durch Luther wird das erneuert –, aber die lange Verfolgungsgeschichte löst sich von ihren Ursprüngen, auch wenn die, bei manchen sonderbaren Fanatikern noch einigermaßen ungetrübt, in manchen antijüdischen Phantasien in entstellter Form, wie der Wiederholung des Gottesmordes durch Hostienschändung am Sabbat, noch weiter herumspuken mögen. Aber die lange Geschichte des Antisemitismus belegt nicht die Fortexistenz dieser Anfangsobsessionen, sondern speist sich irgendwann aus sich selbst wie alle langdauernden Verfolgungs- und Diskriminierungsgeschichten, die irgendwann alle aus sich selbst leben und auf den Refrain gehen, dass an einer Praxis etwas dran sein muss, wenn sie so lange erfolgreich ist.

So, wie in der langen Geschichte antijüdischer Verfolgungspraxis sich alle möglichen Zusatzzwecke wie Raub, Plünderungen etc. angliedern können, so können sich auch alle möglichen sonstigen weltanschaulichen Versatzstücke angliedern. So gibt es einen antikommunistischen Antisemitismus (die Juden Trotzki, Radek etc.), einen antikapitalistischen (der Jude Rothschild), einen damit verbundenen antiamerikanischen (Wallstreet), einen Antisemitismus, der die Juden als Anhänger einer rückständigen, verbohrten Religion ansieht, wie einen Antisemitismus, der die Juden als Protagonisten einer seelenlosen Moderne versteht. Es gibt rechten und linken, religiösen wie areligiösen Antisemitismus, es gibt Antisemitismus in Ländern, in denen Juden leben, und Antisemitismus in Ländern, in denen keine Juden leben. Man warf den Juden vor, assimilierungsfeindlich zu sein (»Sie wollen immer unter sich sein«), und man warf ihnen vor, sich durch Assimilation unkenntlich zu machen. Juden sind intelligent, aber nicht intellektuell produktiv, sondern zersetzend, sie sind in den Künsten erfolgreich, aber amusisch, und wenn sie in den Künsten reüssieren, ist es auf die falsche, nämlich jüdische, also im Grunde antikünstlerische Weise. Und immer wieder sind die Juden hier und da überrepräsentiert. Lassen Sie mich noch einmal Sartre anführen: Wenn man in Frankreich darauf käme, die Bretonen seien, sagen wir mal: unter der Ärzteschaft zahlenmäßig besonders stark vertreten, würde man stolz auf die Bretonen sein. Bei den Juden ist das doch »irgendwie« ein Problem.

Es liegt an der Geschichte des Antisemitismus selbst, dass es keinen Sinn hat, nach Erklärungen zu suchen, die ihn jenseits seiner Beharrlichkeit, seiner in der Geschichte herausgebildeten Adaptions- und Integrationsfähigkeit auf irgendetwas »zurückführen«. Gewiss hat seine Geschichte einen Anfang, aber der Anfang begründet nichts, außer dass er etwas in Gang gesetzt hat, das seine eigene Überlebensfähigkeit aus sich selbst gewonnen hat. Hier berührt sich der Antisemitismus mit seiner Legitimationsrhetorik mit der Analyse des Antisemitismus, die Abschied nimmt von der Suche nach dem, »was es nun endlich erklärt«. Die Legitimationsrhetorik des Antisemitismus kommt am Ende immer auf sich selbst zurück, die Analyse des Antisemitismus auch. Bei einer so langen Erfolgsgeschichte können wir uns doch nicht irren, an den Juden muss etwas sein, sagt der Antisemit, und die Antwort kann nur sein: Bei einer so langen barbarischen Geschichte muss doch etwas an den Antisemiten dran sein. Die Geschichte des Antisemitismus ist die Geschichte der Antisemiten. Ja, man kann es umkehren: Die Antisemiten sind unser Unglück.

»Der Jude« ist eine Erfindung des Antisemiten, aber gibt es »den Antisemiten«? Schon wenn man die Führungsriege des sich selbst so genannt habenden »Dritten Reichs« betrachtet, sieht man nicht unbedeutende Unterschiede. Hitler war ein fanatischer Antisemit – womit ich meine: der Hass auf die Juden war für ihn ein Lebensthema, ohne ihn wäre er in der NSDAP vielleicht nur ein Thema unter anderen gewesen, ohne Hitler keine Shoah. Göring war an solchen Fragen weniger interessiert, für ihn war die Politik Mittel zu Ruhm,

Prunk und Macht. Als allerdings nach den »Kristallnacht« genannten Pogromen des Jahres 1938 über neue Maßnahmen gegen Juden nachgedacht wurde, tat er sich durch fürchterlich gut gelaunte Vorschläge hervor. Ähnlich wird man in der gesamten deutschen und österreichischen Bevölkerung differenzieren können: Eine recht kleine Gruppe sind radikale Antisemiten, die nahezu zwanghaft auf dieses Thema zu sprechen kommen, nicht unähnlich Paranoikern, die nicht davon ablassen können, darüber nachzudenken, was ihre Verfolger im Schilde führen – und andere von der Realität ihrer Phantasien zu überzeugen versuchen. Eine große Gruppe, vielleicht die Mehrheit, man könnte sie mit einem gewissen Zögern »normale Antisemiten« nennen, haben die Wahrnehmungs- und Denkmuster des antijüdischen christlichen Abendlandes übernommen, gehen davon aus, dass es so etwas wie ein »jüdisches Problem« gibt, und können, wenn man sie fragt, auf eine etwas unkonzentriert-fahrige Weise darüber Auskunft geben. Man könnte sie als »antisemitische Schläfer« bezeichnen. Wenn die radikale Minderheit den Ton angibt, stimmen sie ein, bereitwillig die einen, eher zögernd die anderen. Eine Minderheit gibt es schließlich, die ausdrücklich keine Antisemiten sind, bewusst sich fernhalten von judenfeindlichem Geschwätz und Aktionen gegen Juden. Ob sie einfach beiseitegehen oder ihr Nicht-Mittun demonstrativ inszenieren, hängt vielleicht nur vom individuellen Mut ab.

Man hat oft betont, dass die Wähler der NSDAP »nicht alle Antisemiten« gewesen seien, und das ist richtig, wenn man unter »Antisemiten« nur jene versteht, die ich »radikale Antisemiten« genannt habe. Man muss jedoch bedenken, dass alle die, die keine radikalen Antisemiten waren, aber die NSDAP wählten, aus was für Gründen auch immer eine Partei wählten, die eine Gruppe ihrer Mitbürgerinnen und Mitbürger mit Diskriminierung, Verfolgung und Mord bedrohte. Angesprochen darauf hätten die meisten von ihnen etwas gesagt wie »So redet man eben« oder »Das ist doch nicht so gemeint«, oder was man eben so sagt, wenn man die eigene geheime Billigung als Gleichgültigkeit kaschieren möchte.

Die Frage, die heutzutage gern gestellt wird, ob jemand »ein Antisemit sei« oder nicht, ist keine vernünftige Frage. Es geht nicht darum, zu beurteilen, ob etwas »schon« oder »noch nicht« antisemitisch sei und im einen Fall zu verurteilen, im anderen mit Nachsicht zu behandeln. Ich habe Martin Walsers Roman *Tod eines Kritikers* einen »antisemitischen Affektsturm« genannt,[18] damit aber nicht Martin Walser einen Antisemiten. Dadurch, dass ich ihn keinen Antisemiten genannt habe, wird aber der Roman, der voller antisemitischer Ressentiments steckt, um keinen Deut weniger widerlich.

Ich habe über die Eigenschaft des Antisemitismus gesprochen, sich an nahezu beliebige politische oder weltanschauliche Denkweisen anzuschließen. Seiner diesbezüglichen Erfolgsgeschichte ist jüngst ein neues Kapitel hinzugefügt worden, das des sogenannten Postkolonialismus. Der politisch aktivistische Postkolonialismus lässt sich so ver-

18 Vgl. Jan Philipp Reemtsma, »Ein antisemitischer Affektsturm. Über Martin Walsers ›Tod eines Kritikers‹«, in: Ders., *Schriften zur Literatur*, Bd. 3, München 2015, S. 383–394.

stehen, wie Odo Marquardt die 68er-Bewegung verstand, als »nachgeholten Ungehorsam«. Eine neue Generation bezieht ihre Identität aus der radikalen Kritik der Fehler und Verbrechen einer voraufgegangenen – im Falle der 68er der Vätergeneration, im Falle des Postkolonialismus der Ur- und Ururgroßvätergenerationen. In beiden Fällen wurde die politische Gegenwartswirklichkeit als Bemäntelung des Fortwirkens, ja Fortexistierens der Vergangenheit interpretiert, und zwar in mancher Hinsicht zweifellos zu Recht. Was uns hier interessieren muss, ist das Folgende: Sowohl bei den »68ern« wie bei den »Postkolonialen« hat der Antisemitismus auf erschreckende Weise, sagen wir: angedockt. Im ersteren Fall wurde die Rolle des genozidalen Antisemitismus im Nationalsozialismus im Namen einer marxistischen, auf eine Theorie der Klassenverhältnisse reduzierten Auffassung von »Faschismus« marginalisiert. So, wie man meinte, die Judenverfolgung habe vom Klassenkampf ablenken wollen, war man der Auffassung, die Thematisierung des (damals noch nicht so genannten) Holocaust lenke von den gegenwärtigen politischen/klassenkämpferischen Aufgaben ab. Wie die Behauptung, man thematisiere den Mord an sechs Millionen Juden zu sehr, zu einer neuen Art von unmittelbar antijüdischer Rhetorik führte, zeigt etwa die Rede von den »vergessenen Opfern des Nationalsozialismus«, womit zunächst die unbestreitbare Tatsache gemeint war, dass lange Zeit die Verfolgung von Sinti und Roma, Homosexuellen, sogenannten Asozialen und anderen Gruppen nicht thematisiert worden war, aber anstatt die Gründe dafür in gegenwärtig weiterhin vorhandenen Ressentiments zu

suchen, wurde die Bemühung um historische Sichtbarma-
chung dieser Verfolgungsgeschichten begleitet von der teils
diffusen, teil explizit vorgetragenen Ansicht, das internationale Judentum habe sich, dank geschickter Lobbyarbeit, gewissermaßen vorgedrängt.

Ein zugebenermaßen besonders krasses Beispiel für das
Bestreben, die Bedeutung der antijüdischen Verfolgungsgeschichte zu bagatellisieren, indem man die kolonialen Verbrechen gewissermaßen gegen sie ausspielt, ist Jacques
Vergès, der Verteidiger des SS-Mörders Klaus Barbie. Vergès zog seine Strategie vor Gericht als Kolonialismuskritik
auf und argumentierte, der Nationalsozialismus sei gleichsam das kleinere Übel und angesichts der kolonialen Verbrechen vernachlässigenswert. Ein weiteres Beispiel ist der
Deutsche Dieter Kunzelmann, Mitglied der »Kommune I«,
später kurzzeitig in einem militärischen Ausbildungscamp
der Fatah, in den 80er Jahren Abgeordneter der Alternativen
Liste in der Berliner Bürgerschaft, der den Brandanschlag
auf ein jüdisches Altersheim 1970 als »antizionistische Tat«
bezeichnete und ein Jahr zuvor in einem offenen Brief
schrieb, die bundesrepublikanische Linke leide an einem
»Judenknax«: »Wenn wir endlich gelernt haben, die faschis-
tische Ideologie ›Zionismus‹ zu begreifen, werden wir nicht
mehr zögern, unseren simplen Philosemitismus zu erset-
zen durch eindeutige Solidarität mit der AL FATAH, die im
Nahen Osten den Kampf gegen das Dritte Reich von Gestern
und Heute und seine Folgen aufgenommen hat.«[19] Die Folge

19 Zitiert nach Ronen Steinke, *Terror gegen Juden*, Berlin 2020, S. 68.

des »Dritten Reiches von Gestern« im Nahen Osten war offensichtlich Israel und das »Dritte Reich von Heute« ebenfalls. Das einzusehen verhindere die deutsche Fixierung auf die Shoah – heute formuliert man denselben Gedanken so: »Free Palestine from German Guilt«. Die »Solidarität« mit der Fatah ist durch die mit der Hamas ersetzt worden – zögerlich nach dem Massenmord vom Oktober 2023, zunehmend offensiver in den folgenden Wochen.

Ähnlich falsch wie die Frage, ob etwas oder jemand »schon« oder kein Antisemit »sei«, ist die Frage, ob »Israelkritik« »bereits« Antisemitismus sei oder »ab wann« sie es sei. Sieht man einmal vom merkwürdigen Ausdruck »Israelkritik« ab, in dem doch immer der Zweifel an der Berechtigung der Existenz des Staates Israel mitschwingt – spräche man bei der Kritik an der Politik Erdoğans von »Türkeikritik«? –, so geht es auch hier nicht um die Frage der so oder so beschaffenen Rubrizierung, sondern um die Frage, welcher Argumentationsmuster sich eine bestimmte politische Agitation bedient, welche Affekte sie stimuliert. Wer die Hamas eine »Befreiungsorganisation« nennt, verleugnet oder verbreitet Lügen über das, was sie nach eigenem Bekunden ist: eine Organisation, deren Feind das internationale Judentum (und mit ihm irgendwie »der Westen« schlechthin) ist. Die Hamas ist ein Ableger der Muslimbruderschaft, gegründet lange vor der Gründung Israels, deren Programmatik von Anfang an der Kampf gegen die Juden in Palästina, Ägypten und im weiteren Nahen Osten war unter Berufung unter anderem auf die »Protokolle der Weisen von Zion«, eine Fälschung aus dem zaristischen Russland, die sich im internationalen Antisemitismus stets großer Beliebtheit erfreut hatte (und vom nationalsozialistischen Deutschland im Nahen Osten erfolgreich verbreitet wurde).

Zur Legitimierung antijüdischer Gewalt wird gegenwärtig weltweit eine jede Wirklichkeit entstellende Geschichte Israels erzählt. Hier seien nur gängige Stichworte aufgezählt: Israel sei ein kolonialistisches Projekt, Israel sei eine kolonialistische Siedlergesellschaft, die Existenz Israels sei illegitim (weil die britische Kolonialmacht kein Recht gehabt habe, die jüdische Besiedlung Palästinas zu befördern) – lassen wir es dabei. Die Einwanderung aus Europa und dem übrigen Nahen Osten Ende des 19. und im Laufe des 20. Jahrhunderts erfolgte in ein Land, das immer schon und kontinuierlich auch – nicht mehrheitlich – von Juden bewohnt war. Was wir heute den Nahen Osten nennen, war Teil eines kolonialen Reiches – oder wenn man möchte: eines Imperiums: des Osmanischen Reiches. Dessen Ende nach dem Ersten Weltkrieg führte zu der Übertragung einer Mandatsgewalt über Palästina auf England. Kein kolonialistisches Nachfolgeunternehmen, aber zweifellos eine Maßnahme aus kolonialistischer Attitüde: Die Neugestaltung von Teilen dessen, was zuvor das Osmanische Reich gewesen war, müsse vom Westen durchgeführt werden. Die Grenzen, die gezogen wurden, waren willkürliche Grenzen, wie alle nationalen Grenzen auf diesem Globus. Es sind nur eben Grenzen gewesen – wie auch die Grenzen der Länder, die an die Stelle der afrikanischen kolonialen Gebiete traten –, mit denen die herrschenden oder an die Herrschaft gebrachten Eliten einigermaßen einverstanden waren. England hatte in der Balfour-Deklaration zwar 1917 vage eine »nationale Heimstätte für das jüdische Volk« versprochen, dann aber versucht, die jüdische Einwanderung zu begrenzen. Man könnte sagen, dass die jüdischen bewaffneten Aktionen (Terrorunternehmen) ebenso wie die gleichzeitigen arabischen antikolonialistische Revolten waren – aber wer ernsthaft diese komplexen Vorgänge analysieren will, sollte sich von solchen Pseudoeinordnungen hüten.

Nachdem Großbritannien 1947 seine Mandatsverpflichtung an die UNO als Nachfolgerin des Völkerbundes zurückgegeben und seine Truppen aus Palästina abgezogen hatte, rief der Jüdische Nationalrat die Gründung des Staates Israel aus, der sofort von den USA und der Sowjetunion anerkannt wurde, worauf arabische Truppen Israel angriffen, aber auch versuchten, Jordanien daran zu hindern, das Westjordanland zu annektieren. Nach einem Waffenstillstand hat daraufhin die UNO-Vollversammlung die Teilung Palästinas entlang der Waffenstillstandslinien in einen jüdischen und einen (noch zu schaffenden) palästinensischen Staat gutgeheißen. Man kann sagen, dass Israel der einzige Staat der Welt ist, dessen Grenzen durch eine internationale Staatenmehrheit legitimiert worden sind.

Im Verlauf des ersten israelisch-arabischen Krieges flohen etwa 750.000 Palästinenser aus dem Staatsgebiet Israels oder wurden von dort vertrieben. Eine noch größere Anzahl Juden wurde aus den arabischen Gebieten vertrieben und floh nach Israel. All dies sind schreckliche Ereignisse, aber sie sind nicht typisch für den Nahostkonflikt. Man denke an die Erlangung der Unabhängigkeit von Indien und Pakistan und die folgende Flucht von Hindus nach Indien, von Moslems nach Pakistan – an die 20 Millionen Menschen waren betroffen. Man denke an die wenigstens 12 Millionen nach 1945 vertriebenen Deutschen – nicht völkerrechtskonform, aber aus guten Gründen im Laufe der Jahre von fast allen Deutschen akzeptiert. Immer handelt es sich um menschliche Tragödien, immer tragen irgendwelche Menschen die Konsequenzen von Kriegen, Friedensschlüssen, bi- oder multinationalen Vereinbarungen, die nicht gefragt worden sind. Immer ist es die Aufgabe der Länder, in die vertrieben oder geflohen wird, dafür zu sorgen, dass das Leben für die neu Angekommenen menschenwürdig weitergeht. Israel hat die nach Israel aus den arabischen Ländern Vertriebenen integriert, die arabischen Länder haben bis heute die palästinensischen Flüchtlinge nicht aufgenommen, diese müssen nach wie vor in Lagern leben.

Jede sogenannte Israelkritik, die diese Tatsachen bestreitet oder verleugnet, macht offenbar, dass es ihr nicht um historische Wahrheit geht. Worum dann? Wer den Massenmord der Hamas im Oktober 2023 mit nachdenklichen Vokabeln weichzeichnen möchte, wer von Befreiungskampf redet, wo *von den angeblichen Befreiungskämpfern selbst* nicht von Befreiung, sondern von Zerstörung die Rede ist, wer vergisst, dass die ersten Raketenangriffe aus Gaza nicht eine Antwort auf die Besatzung von Gaza, sondern eine *Antwort auf das Ende der Besatzung* von Gaza gewesen sind, der zeigt vor aller Welt, dass es ihm – wie der Hamas – darum geht, dass es einen jüdischen Staat, der sich gegen die, die seine Zerstörung und die Ermordung und Vertreibung seiner Bevölkerung planen, verteidigen kann, nicht geben soll. Sie gehen so weit, dass sie sich mit einer religiös fanatischen Mörderbande, die alle Ideale bekämpft, die von ihnen doch sonst hochgehalten werden, die sich im Oktober 2023 gezeigt hat als das, was sie von Anfang an war, fanatische, antisemitische, misogyne, homophobe Mörder aus Spaß an der Sache, die aus diesem Geiste eine religiöse Tyrannei errichten wollen, solidarisch erklären. Dass es hierzulande Menschen gibt, die sich für Vertreterinnen oder Vertreter humaner Ideale halten und doch solche Sympathien hegen, ist leider nicht erklärungsbedürftig. Dahinter steckt nichts, es ist bloß die Fortsetzung der langlebigsten, längst nicht mehr nur abendländischen Obsession, die so bösartig und verrückt ist, weil es in ihr einen Konsens gibt, so bösartig und verrückt könne man doch nicht ohne Grund sein. Es gibt das: gern in schlechter Gesellschaft sein. Es gibt Leute, die nicht trotz, sondern wegen ihrer Vulgarität und offensichtlichen Gefährlichkeit zu Anführern gewählt werden. Man erklärt sich nicht solidarisch mit einer Mörderbande, wenn man nicht ihre Mordaktionen billigt.

Freud nannte es »Unbehagen in der Kultur«, sagen wir: Unbehagen *an* der Kultur, oder: lustvolle Selbstbarbarisierung. Der Antisemitismus ist ein Angebot, Mitglied einer internationalen Ressentimentgemeinschaft zu sein, ungetadelt und ungehemmt bösartig zu sein und die Schranken der Zivilisation einzureißen.

Magdeburg oder Der Abscheu[1]

»Alles, was die entfesselte Willkür [...] zu ersinnen vermag, [...] alles, was wüsteste Grausamkeit den Menschen eingeben kann, wenn blinde Raserei sich ihrer Sinne bemächtigt, all das« – wurde dort getan. Wovon ist die Rede? Von welchem Ort, von welchem Jahr? Vom Kibbuz Kfar Aza am 7. Oktober 2023? Nein, die Rede ist vom 20. Mai 1631, der Ort ist Magdeburg, Friedrich II. schrieb die Sätze in seinen *Denkwürdigkeiten*: »[A]ll das ward damals von den Kaiserlichen in der verheerten Stadt verübt. Die Soldaten rannten truppweise mit blanker Waffe durch die Straßen und mordeten unterschiedslos Greise, Weiber und Kinder, solche, die sich verteidigten, und solche, die keinen Widerstand entgegensetzten. [...] Man sah nichts als noch zuckende Leichname, zu hohen Haufen getürmt oder nackt hingestreckt. Die Todesschreie der Schlachtopfer und das Wutgeschrei der Mörder mischten sich schauerlich in den Lüften.«[2]

Ob der Brand, der Magdeburg dann ganz verzehrte, entstanden oder gelegt war – sei es von dem Offizier des schwe-

---

1 Vortrag gehalten am 10. 5. 2024 am Forum Gestaltung in Magdeburg.
2 Zitiert nach Christopher Clark, *Preußen. Aufstieg und Niedergang 1600–1947*, München 2007, S. 46.

dischen Heeres Dietrich von Falkenberg, der die Verteidigung Magdeburgs organisierte und durch diese Maßnahmen verhindern sollte, dass die Stadt an das kaiserliche Heer unter Tilly und Pappenheim fiel, bzw. (wie manche unterstellten) dafür sorgen sollte, dass sie, wenn sie schon fiele, dann nicht anders denn in Ruinen; sei es von Tilly selbst, gewissermaßen aus Rache für die Magdeburger Widerspenstigkeit –, war lange umstritten. Heutige Historiker glauben weder das eine noch das andere; es war wohl ein furchtbarer Zufall bzw. Fahrlässigkeit und eine Folge des mörderischen Chaos.

Aber dieser Krieg, diese Folge von Feldzügen, Schlachten, Plünderungen, Verheerungen, die man später unter den Begriff des »Dreißigjährigen Krieges« zusammenfasste, war vom Beginn bis ans Ende eine entsetzliche Reihe von Katastrophen. »Wir sind doch nuhmer gantz / ja mehr denn gantz verheret! / [...] / Die türme stehn in glutt / die Kirch ist vmbgekehret. // Das Rathaus ligt im graus / die starcken sind zerhawn. // Die Jungfrawn sindt geschändt / vnd wo wir hin nur schawn // Ist fewer / pest / vnd todt«, schreibt Andreas Gryphius.[3] Die Ereignisse des Krieges von den Schlachten bis zu den Verwüstungen durch marodierende Heere – es galt die wallensteinsche Formel, eine kleine Armee könne man kaum längere Zeit versorgen, eine große ernähre sich selbst – hatten eine Kriegführung zur Folge, die am Ende nur noch auf die rechtzeitige Besetzung oder Durchquerung von Landstrichen setzte, weil die für die

3 Herfried Münkler, *Der Dreißigjährige Krieg. Europäische Katastrophe, deutsches Trauma 1618–1648*, Berlin 2020, S. 682 f.

nachkommende gegnerische Armee dann keine Ressourcen mehr boten.

Was war nun an der Katastrophe Magdeburgs inmitten der Großkatastrophe so bemerkenswert? Gewiss die schiere Quantität. In Magdeburg kamen an einem Tage mehr Menschen ums Leben als in der verlustreichsten Schlacht des Krieges, der von Breitenfeld. Der 20. Mai 1631 war der blutigste Tag des dreißigjährigen Mordens.[4] Das ist ein Teil der Bilanz, die man heute zieht. Was war es, das dieses Entsetzliche vor allem anderen Entsetzlichen, *gleich als es geschah*, hervorhebenswert erscheinen ließ – Abscheu erregte? Die Kunde ging in ganz Europa herum, und »magdeburgisieren« wurde zum Begriff für außerordentliche Zerstörung, massenhaften Mord und Massenvergewaltigung.

Belagerungen waren kriegerisches Tagesgeschäft. Es ging um Stützpunkte, Verkehrsknotenpunkte, Herrschaft über Versorgungswege – es ging um Symbole: In Magdeburg war es zu Rebellionen gegen das kaiserliche Restitutionsedikt gekommen, und man hatte sich bald nach dem Kriegseintritt Schwedens zu Gustav Adolf bekannt. »Man« heißt: die evangelische Geistlichkeit und der weniger wohlhabende Teil der Stadtbevölkerung. Der wohlhabendere, der nun mal in der Minderheit war und zudem die Politik nicht dominierte, wollte dieses Risiko nicht eingehen. Als es zur Belagerung kam, erfolgten seitens der Belagerer drei Aufforderungen zur Kapitulation. Das war Kriegsbrauch seit dem Mittelalter. Eine Stadt, die sich ergab, konnte damit rechnen,

4 Ebd., S. 475.

halbwegs ungeschoren davonzukommen, aber wer sich einer dreifachen Aufforderung nicht ergab, musste mit allem rechnen. Die Plünderung, zu der man den Soldaten freien Raum gab, legitimierte man als gerechtfertigte Entschädigung für die lange Belagerungszeit, die ja tatsächlich den Belagerern oft nicht weniger zusetzte als den Belagerten. William Shakespeare blickt im Jahre 1600 auf den »Hundertjährigen Krieg« (zwischen England und Frankreich) und das Jahr 1415 zurück und lässt seinen König Heinrich so zu den Bürgern des französischen Harfleur sprechen:

... ergebt euch unsrer besten Gnade;
Sonst ruft, wie Menschen auf Vernichtung stolz,
Uns auf zum Ärgsten; denn [...]
Fang ich noch einmal das Beschießen an,
So laß ich nicht das halbzerstörte Harfleur,
Bis es in seiner Asche liegt begraben.
Der Gnade Pforten will ich alle schließen,
Der eingefleischte Krieger rauhes Herzens
Soll schwärmen, sein Gewissen höllenweit,
In Freiheit blut'ger Hand, und mähn wie Gras
Die holden Jungfraun und die blühnden Kinder. [...]
Was ist es mir, wenn ihr es selbst verschuldet,
Daß eure reinen Jungfraun in die Hand
Der zwingenden und glühnden Notzucht fallen?
[...] Darum, ihr von Harfleur
Habt Mitleid mit der Stadt und eurem Volk,
Weil noch mein Heer mir zu Gebote steht [...].
Wo nicht, erwartet augenblicks besudelt

Zu sehn vom blinden, blutigen Soldaten
Die Locken eurer gellend schreinden Töchter;
Am Silberbart ergriffen eure Väter,
ihr würdig Haupt geschmettert an die Wand;
Gespießt auf Piken eure nackten Kinder,
Indes der Mütter rasendes Geheul
Die Wolken teilt.[5]

Es ist das Magdeburger Szenario, das Shakespeare hier als Kriegsbrauch und in gewissem Sinne wenigstens Gewohnheitsrecht vorstellt. Harfleur ergibt sich übrigens, da auf ein Entsatzheer nicht zu hoffen ist. Es hat sich aber im Falle Magdeburgs der Geschichte nicht das Bild einer Stadt, die sich durch politischen Mutwillen und anschließende Verantwortungslosigkeit, gepaart mit fundamentalistischer Halsstarrigkeit, der erwartbaren Grausamkeit eines ähnlich fanatisierten Gegners und seiner durch eine lange Belagerung zum Exzess aufgestachelten Soldateska, ein Verhängnis auf den Hals gezogen hat, sondern das eines unschuldigen Opfers kriegerischen Wahnsinns eingeprägt. Woran lag's? Einmal war es gelungene Propaganda, die das Schicksal der Stadt – zu Recht – als bisherigen Kulminationspunkt brutaler Rekatholisierung betrachtete und als Menetekel vorstellte: Das, deutsche protestantische Mitbürger, wird euch blühen!

Aber es kam wohl noch eines hinzu. Auch der katholischen Seite war nicht wohl bei diesem Exzess. Einmal war

5 William Shakespeare, *König Heinrich der Fünfte*, übers. von August Wilhelm Schlegel, 3. Aufzug, 3. Szene.

die Verwüstung dieser Stadt militärisch nicht funktional. Es handelte sich in gewissem Sinne gar nicht um einen Sieg. Die kaiserliche Armee hatte ihren eigenen Stützpunkt zerstört, in den nächsten Monaten marschierte Tillys Heer auf erratische Weise durchs Land, »was auch darauf zurückzuführen [ist], dass ihm mit dem Brand von Magdeburg der Angelpunkt seiner Operationen abhandengekommen war«.[6] Die Zerstörung der Stadt mit allen ihren Gräueln erschien als das, was man mit dem immer irritierenden Ausdruck »sinnlose Grausamkeit« bedenkt.

Aber dazu kam noch etwas anderes. Man erschrak. Es erschraken auch diejenigen, die den katholischen Kriegszug für gerecht, den Sieg für den der gerechten Sache hielten, die auch, neben der militärisch gewohnten Sicht, der kapitulationsunwillige Belagerte habe sich alles Unheil selbst zuzuschreiben (siehe Shakespeares Heinrich), gern noch etwas von »Strafe Gottes für die ketzerische Stadt« hinzufügen wollten – sie erschraken, denn was da geschehen war, ging über das Erwartbare hinaus, und zwar nicht nur, weil es quantitativ über alles Gewohnte hinausging, sondern auch, weil es auf eine selbst in einer an Grausamkeiten gewöhnten und verrohten Zeit als exzessiv empfundene Weise geschah – und zunächst auf zynische Weise als Triumph ausgegeben wurde. Es geht um die Orgie der Vergewaltigungen.

Wie wir aus Shakespeares Worten wissen, waren Vergewaltigungen erwartbar (die für besonders verwerflich bei Jungfrauen galten, aber, wie der Text zeigt, geht es nicht nur

---

6 Münkler, *Der Dreißigjährige Krieg*, S. 485.

um etwas wie »Ehre« und »Reinheit«). Erwartbar bedeutet nicht legitim. Legitim war der Exzess als solcher, jedenfalls die Plünderung, wozu immer die Brutalität denen gegenüber gehört, die nicht gleich die Schränke und Truhen öffnen. Darüber hinaus ... er könne nun mal seine Soldaten, sagt der Feldherr, nach so langer Zeit nicht mehr kontrollieren. Tilly, so wird wohl glaubhaft überliefert, habe geboten, »die Frauenehre zu schonen und sich des Mordens zu enthalten«.[7] Aber welche Truppen hätten die Truppen kontrollieren können? Zwei katholische Geistliche berichten voll Schrecken und Abscheu von den Massenvergewaltigungen. Da war ein Zuviel von Schrecklichkeiten, die man sonst hinzunehmen gewohnt war. Einer der Geistlichen, ein Jesuit namens Wiltheim, interpretierte die späteren Niederlagen des tillyschen Heeres als Strafe Gottes.

Die andere Seite der empfundenen Hemmungslosigkeit und Skrupellosigkeit der Tat war das fröhliche Vergnügen im Rückblick auf die verübten Gräuel. Zum Namen »Magdeburg«, volksetymologisch »Mädchenburg« gelesen, kam nun der Kranz im Wappen der Stadt, der als Jungfernkranz in den Spaß hineingedeutet wurde: die Erstürmung der Stadt bereits als triumphale Vergewaltigung. Pappenheim schreibt:»Magdeburg ist gedämpft, und ihre Jungfrauschaft ist hinweg.«[8] Das ist für ein Heer, dessen Auftrag es unter anderem ist, die Verehrung der Jungfrau Maria wieder einzuführen – sagen wir: heikel. Einer der beiden erwähnten

7 Ebd., S. 483.
8 Zitiert nach ebd., S. 484.

Geistlichen schreibt von einem zerschossenen und verstümmelten Marienbild im Stadtgraben.[9]

Magdeburg wurde keine Zäsur, was die Grausamkeiten des Krieges anging. Der Krieg wurde von Jahr zu Jahr schrecklicher. Herfried Münkler schreibt, nach dem Tod Gustav Adolfs und dem Ende der schwedischen Offensive sei es zu einer »Art der Kriegführung« gekommen, »bei der politische Vorgaben und strategische Direktiven kaum noch eine Rolle spielten, so dass sich das Gewaltgeschehen verselbständigte. Es gab weder militärische Ziele noch politische Zwecke; man fügte dem Gegner Schaden zu, wo und wie man konnte, und das tat man in dem Bewusstsein, dass die andere Seite es ebenso tat. [...] Es begann etwas Neues, das noch viel schrecklicher war als das bislang Erlebte [...].« Der Krieg »ging nicht bloß weiter, sondern machte eine Mutation durch, nach der er um einiges verheerender war als zuvor«.[10]

*

Der Dreißigjährige Krieg war ein Kulminationspunkt jener Krisen, die den Beginn der europäischen Moderne begleiten, und wenn man auch zu Recht zögert, vom »Lernen aus der Geschichte« zu sprechen, so kann man sagen, dass sich mit der zweiten Hälfte des 17. Jahrhunderts etwas zu ändern begann, und zwar handelt es sich um eine *Transformation der gesellschaftlichen Einstellung zur Gewalt*, die in der Welt-Geschichte der Zivilisationen oder Kulturformen einzigartig

9 Ebd., S. 484 f.
10 Ebd., S. 606 f.

ist. Die Gräuel von Magdeburg, soll heißen: *der Abscheu, den sie erregten*, war ein wichtiger Schritt auf diesem Weg.

Alle Kulturformen haben eigene Arten, Gewalt zu legitimieren oder zu delegitimieren. Sie unterscheiden verbotene, erlaubte und gebotene Gewalt und Zonen, in denen Gewalt das eine oder andere ist. So unterscheiden sich Kulturformen als Zivilisationsformen.

Durch die Zeiten und über den Globus verteilt gab es unterschiedliche Kriegskulturen, in denen unterschiedliche Weisen, den Feind zu verletzen und zu töten, geboten, erlaubt oder verboten (zumindest geächtet) waren. Die neue Serienverfilmung von Clavells Roman *Shogun* zeigt einen japanischen Krieger, der, von einer Kanonenkugel verstümmelt, ruft: »So kämpft ein Samurai nicht!« Ähnlich empfanden die französischen Ritter im Pfeilhagel von Crécy und Azincourt. Wo unterschiedliche Gewaltkulturen aufeinander trafen, nahm man sich wechselseitig als barbarisch wahr und meinte, da man die Regeln der anderen Seite nicht verstand, diese habe gar keine. Als in Mittelamerika die Bande der Konquistadoren auf die Azteken traf, sahen sie eine Kultur, in der man Menschen Göttern opferte und die Geopferten aß, es war eine Kultur, die Kriege führte, um Menschen für diese Rituale und zum Verzehr zu erbeuten. Die Azteken andererseits sahen sich Menschen gegenüber, die andere Menschen töteten und sie auf den Kampfplätzen einfach liegen ließen.

Das Europa, das aus den Krisen des 17. Jahrhunderts hervorging, ist die einzige historisch bekannte Zivilisationsform, die Gewalt an sich problematisiert, also nicht nur Gewalt am falschen Ort, gegen die falsche Menschengruppe, zur falschen Zeit, mit den falschen Mitteln – Gewalt, die Zonen des Verbotenen, Erlaubten, Gebotenen verletzt –, sondern *Gewalt schlechthin* für *legitimationsbedürftig* hält, also die Zonen gebotener und erlaubter Gewalt einzuschränken für ein Ziel hält. Das heißt zweierlei. *Gewalt ist nicht allein durch die kulturelle/zivilisatorische Gewohnheit legitimiert, sondern diese Gewohnheit muss ihrerseits legitimiert werden.* Gewalt wird in der europäischen Zivilisation zu etwas, das – und zwar in welcher Form auch immer – einen speziellen Legitimationsdiskurs aufruft. Die organisierende Idee hinter diesen Legitimationsdiskursen war die – neuartige – Überzeugung, dass wenn möglich auf Gewalt verzichtet werden solle, dass, wenn man Gewalt »noch« anwende, dies begründungspflichtig sei. Dieser Idee entsprach das Ideal einer gewaltarmen, möglichst gewaltfreien Zukunft. Dies kann man in den unterschiedlichen Legitimierungsdiskursen beobachten: die Debatte um die Abschaffung der Folter, der Todesstrafe (und die Überzeugung, dass, wenn man meinte, auf sie nicht verzichten zu können, sie mit einem Minimum an Grausamkeit verbunden sein solle), die sich durchsetzende Überzeugung, dass in Kriegen möglichst wenig Menschen in Mitleidenschaft gezogen werden sollen, Kriege also möglichst aufs Schlachtfeld beschränkt und von eigens dazu legitimierten und gekennzeichneten Männern (in Uniformen) geführt werden sollten. Alle diese Formen der Gewalt, die nunmehr als »noch« erlaubt angesehen wurden, waren nur erlaubt, wo sie auch geboten waren – denn all dies ging einher mit einem sich langsam verfertigenden staatlichen

Gewaltmonopol: Der Soldat *muss* kämpfen (und *wo er nicht kämpfen muss, darf* er nicht). Der Polizist *darf* nur Gewalt ausüben, wo er *muss*. Traditionelle Gewaltspielräume, etwa das abendliche Wirtshaus oder die Familie, werden Schritt für Schritt durch das staatliche Gewaltmonopol eingeengt, das sich zunehmend durch Gesetze selbst beschränkt. Nota bene: Die Rede ist von Legitimationen und Delegitimationen, nicht von dem, was tatsächlich der Fall ist. Aber wenn die tatsächlichen Handlungen den Vorstellungen davon, was erlaubt/geboten/verboten ist, widersprechen, gibt es die Möglichkeit, die Sache zu skandalisieren bzw. den Apparat des staatlichen Gewaltmonopols in Gang zu setzen, um die zivilisatorischen Standards wieder ins Recht zu setzen, sprich: Man erstattet Anzeige und beschreitet den Rechtsweg.

Gleichzeitig werden *bestimmte Formen der Gewalt schlechthin delegitimiert*. Im Grunde ist Gewalt nur noch legitimiert als Gewalt, die Gewalt bekämpft, einschränkt, beendet. Strafende Gewalt, Polizeigewalt, kriegerische Gewalt wird so aufgefasst und *nur so* gerechtfertigt. Kriege werden geführt, *um sie zu beenden*, was kulturübergreifend keine Selbstverständlichkeit war, und das Ende des Krieges soll zu einem Friedensschluss führen, der weitere Kriege unnötig macht – und nicht nur »bis auf weiteres«. Der Kulminationspunkt dieser Vorstellung war die Bezeichnung des Ersten Weltkrieges, der da noch nicht so hieß, als »the war to end all wars«.

Diese Idee von der Legitimationsbedürftigkeit aller Gewalt und von der einzigen Art, Gewalt zu legitimieren, als Instrument zu ihrer Abschaffung oder Eindämmung ist auch für die tatsächlichen Gewaltexzesse der Moderne charakteristisch. Die koloniale Gewalt wird gerechtfertigt als Zivilisationsauftrag, als Pazifizierung barbarischer Räume. Revolutionäre Gewalt wird gerechtfertigt als Abschaffung von Herrschaftsverhältnissen, die nur gewaltsam aufrechterhalten werden können. Tatsächlich gibt es nur eine einzige Rhetorik der Relegitimierung der Gewalt, die mit der Idee, dass Gewalt nur gerechtfertigt sei als eine auf die Abschaffung von Gewalt oder Gewalt erzeugenden Verhältnissen gerichtete, bricht: die Gewaltverherrlichung des Nationalsozialismus. In ihr ist Gewalt das legitime Recht des Stärkeren, und wo für Revolutionäre in der Nachfolge der Jakobiner die Kritik an revolutionärer Gewalt darum konterrevolutionär ist, weil sie die bestehenden Gewaltverhältnisse stützt, ist für die nationalsozialistische Rhetorik die Kritik der Gewalt der Trick der Schwachen, die Starken an der Ausübung ihres Naturrechts zu hindern.

Da Gewalt nur als Gewalt zur Gewaltbeschränkung als legitim gilt, wird Gewalt grundsätzlich als *instrumentelle Gewalt* gerechtfertigt. Infolge dieser zivilisatorischen Entwicklung haben wir uns daran gewöhnt, *alle Gewalt so zu interpretieren, um sie uns verständlich zu machen.* Wir vergessen dabei, dass – zum Beispiel – im Rom der Kaiserzeit ein riesiges Stadion (es fasste 50.000 Menschen) nur dazu erbaut wurde, um den Zuschauern das Töten von Menschen und Tieren als Freizeitvergnügen vor Augen zu bringen. Wir vergessen, dass die Strafbräuche des Mittelalters und der Frühen Neuzeit nicht nur Menschen zu Tode brachten, sondern langsam zu Tode quälten. All dies wird europäisch-modern delegitimiert. Gewalt, die nur dazu da ist, Körper zu zerstören (autotelische Gewalt), ist ebenso delegitimiert wie Gewalt, die sich des Körpers bemächtigt, um über ihn nach Belieben zu verfügen (raptive Gewalt – bis vor nicht langer Zeit in der Ehe erlaubt). Wir sehen, dass in der Skandalisierung der Magdeburger Massaker bereits diese Auffassung mitschwingt, dass es bestimmte Gewaltformen gibt, die *an sich nicht legitimierbar* sind.

Dies alles ist ein langwieriger, intermittierender, widersprüchlicher Prozess, in dem Ideal und Wirklichkeit immer wieder in Spannung zueinander stehen, zuweilen in krassem Widerspruch. Viele Leute sind versucht, deshalb das Ideal lächerlich zu machen oder als pure Heuchelei abzutun. Man hüte sich, derlei als intellektuelles Hobby zu betreiben und sich dabei realistisch zu dünken. Man fände sich in intellektueller Kumpanei mit SS-Ideologen wieder. Auch wenn die mit der europäischen Moderne aufgekommene Legitimationsnötigung für bestimmte Gewaltformen und die absolute Delegitimierung anderer nichts weiter gewesen wären als bloße Gewalthemmung durch Verkomplizierung des Geredes, es wäre als Hemmung schon der soziale Habitus der Distanz geworden – wie er es ja geworden und geblieben ist, trotz allem. Aber die Reduzierung der Gewalt aufgrund der Idee von der Legitimationsbedürftigkeit von Gewalt *schlechthin* und der von der schlechthin *unmöglichen Legitimierung bestimmter Gewaltformen* hat die Wirklichkeit der europäischen Moderne zu einem *zivilisatorischen Fortschritt* gebracht, den man für den in kultureller Hinsicht bedeutsamsten der Menschheitsgeschichte ansehen *sollte*.

Und wir sprechen hier nicht nur von einer *veränderten Haltung* zu Formen der Gewalt, die neben einer fortbestehenden Praxis der Gewalt gleichsam nebenher lief – das, wie gesagt, auch –, sondern über *tatsächliche Gewaltminderungen* – einiges habe ich schon erwähnt –, die im Falle der europäischen Kriege so aussahen: Um 1600 und in den nächstfolgenden Jahren gab es eine Todesrate in Konflikten von etwa 180 pro 100.000 Menschen pro Jahr, im Jahre 1650 war sie auf etwa 25 abgefallen – stieg erst in den Französischen Revolutions- und den Napoleonischen Kriegen auf knapp unter 100. Der nächste signifikante Anstieg erfolgte im Ersten Weltkrieg und erreichte im Zweiten Weltkrieg einen fürchterlichen Höhepunkt mit 250 Todesfällen auf 100.000 pro Jahr.[11]

Kein Krieg – sehen wir von den prähistorischen ab, von denen wir keine Details kennen – ist je ohne Regeln geführt worden. Darüber, wann man von diesen Regeln als »Kriegsrecht« sprechen kann, wird man endlos streiten können. Wir können festhalten, dass in dem Krieg, von dem uns das erste literarische Zeugnis erzählt (Homer, *Ilias*), am Ende ein Verstoß gegen einen Kriegsbrauch steht. Hektor, der führende Krieger Trojas, will mit Achill, seinem Gegenüber aus dem Heer der Achaier, vor ihrem Zweikampf einen Pakt schließen: Dem Sieger falle die Rüstung zu (wie stets), der Leichnam werde dem gegnerischen Heer zurückgegeben, damit er die dort üblichen Bestattungsriten erfahre. Achill lehnt das zweimal ab. Einmal vor dem Kampf, das zweite

11 Vgl. Steven Pinker, *Gewalt. Eine neue Geschichte der Menschheit*, Frankfurt am Main 2022, S. 348 f.

Mal, als der tödlich getroffene Hektor dies als Bitte wiederholt. Die Griechen schänden reihum die Leiche Hektors, Achill schleift den nackten Leichnam hinter seinem Wagen her. Es folgt die berühmte Szene – in gewissem Sinne der Höhepunkt der *Ilias* –, in der Hektors Vater, der König von Troja, Priamos, sich heimlich in das Lager der Griechen schleicht und den Leichnam zur Bestattung losbittet. Die Szene ist grandios: Der Vater und der, der dessen Sohn erschlug, weinen gemeinsam, jeder weint um die Verluste, die ihm der Krieg zugefügt hat, und sie sehen gemeinsam, dass Tränen nichts nützen. Achill übergibt den Leichnam, den er zuvor bedeckt hat, damit Priamos bei dessen Anblick nicht die Fassung verliere und seinerseits Achill als Reaktion darauf nicht die Gastfreundschaft (denn um die geht es hier in dieser Situation) verletze, die ein Gebot der Götter ist. So gibt der Anfang der europäischen Literatur einen langen Bericht von Kriegs-Auf-und-Ab, von Grausamkeiten aller Art, die mitleidlos, ja mit einer Art Vergnügen wie bei einem Splatterfilm geschildert werden, nebst Lob des Mutes und der Gewalttat – und gestaltet dann diesen großen Moment, wo anderes mehr zählt als die Fortsetzung des Tötens.

Mit der Sorge um den Leichnam fängt es an – auch in Sophokles' *Antigone* geht es um die Bestattung von Kriegsgefallenen –, und dann geht es immer wieder darum, wo Gewalt ihre Grenze findet. In der *Ilias* ist es die Frage des Comments eines, sagen wir: Gentleman-Warriors, und dahinter ist schon der Vorschein dessen, was erst Jahrhunderte später eigentliches Thema wird: Menschlichkeit, die auf der diffusen Idee beruht, dass eines jedenfalls die Menschen verbindet: verletzlich zu sein. So hat Friedrich von Spee, Jesuit und Beichtvater von Menschen, die wegen Hexerei der Folter übergeben und zum Tode verurteilt wurden, argumentiert: Bedenkt, was man ihnen angetan haben muss, dass sie etwas bekennen, was sie zum Tode bringt (und mit der Aussicht, mit einer Todsünde, der Lüge, zu sterben), und das lieber bekennen, als weiter die Folter zu ertragen.[12] Dieser Text nötigte seine Leserinnen und Leser, sich wenigstens einen kurzen Lesemoment lang mit den Hexen und Hexern zu identifizieren statt mit deren Verfolgern. Irgendwann wird auch die Klage über die Gräuel des Krieges lauter als die Lieder über den Ruhm der Krieger. Über die Sieger von Magdeburg gab es keine Heldengesänge, es gab nur die zitierten Zynismen, die man zunehmend abscheulich fand.

Das ist ein langer Prozess, es gibt die Idee des Kriegshelden im Ersten und Zweiten Weltkrieg, es wird keinen Krieg geben, in dem nicht hier und da solche Heldengeschichten erzählt und ausgeschmückt werden, denn sie sind oft das Einzige, was die Toten noch hatten erhoffen können und was die Hinterbliebenen trösten kann, *wenn* sie das trösten kann.

Die Vorstellung, Kriege dürften nur auf begrenzten Terrains, sogenannten Schlachtfeldern, von dazu verpflichteten Truppen ausgetragen werden, gehört in den Rahmen der wachsenden Gewaltdistanz des europäischen Selbstverständnisses und hat auch eine Ursache in der Erfahrung

---

12 Vgl. Friedrich von Spee, *Cautio Criminalis oder rechtliches Bedenken wegen der Hexenprozesse (1631)*, München 2000.

des Dreißigjährigen Krieges: So, wie er begonnen wurde, konnte er nicht enden. Der Krieg – oder die Kriege, die man unter seinem Namen zusammenfasste – war zu Anfang ein fatal changierendes Gemisch aus religiös und politisch motivierten Ansprüchen und Begehrlichkeiten. Was politisch begonnen hatte, wurde religiös angereichert und konnte politisch nicht mehr beendet werden – und umgekehrt. Doch am Ende stand die Politik, und sie war, anders als die Religionen, handlungsfähig. Das schwedische Eingreifen in den mitteleuropäischen Krieg gehörte zur schwedischen Machtpolitik im Ostseeraum, die nun nach Süden ausgriff, aber die war gleichzeitig noch ebenso religiös-fundamentalistisch angetrieben wie die kaiserliche Restitutionspolitik. Doch das katholische Frankreich stellte sich gegen Habsburg auf die Seite der protestantischen Fürsten (und Schwedens).

Der Westfälische Frieden war ein politischer Friedensschluss, er stellte die Priorität der Politik sicher, die seitdem die Wirklichkeit Europas bestimmt. Damit war einem Totalwerden des Krieges ein Riegel vorgeschoben worden. Es begann die Zeit der sogenannten Kabinettskriege, die, noch einmal, von Heeren uniformierter Soldaten auf Schlachtfeldern ausgefochten werden. Es gab ja ein Problem beim Abschluss des Friedens von 1648: wohin mit den Soldaten? Noch Prag war spät im Krieg geplündert worden ohne militärisch-strategischen Sinn, nur um Beute zu machen und die Soldaten zu bezahlen. Aber dann? Der Friedensschluss konnte *dieses* Problem nicht lösen, er konnte festlegen, nach welchen Regeln es friedlich weitergehen sollte, nicht die

Voraussetzungen schaffen, *dass* es friedlich weiterging. Das Problem war nicht neu. Im sogenannten Hundertjährigen Krieg zwischen Frankreich und England mit teilweiser Involvierung des Deutschen Reichs konnte einmal ein Waffengang nicht beendet werden, weil man nicht wusste, wohin mit den teilweise unbezahlten Söldnern. Man löste das Problem so: Man erfand einen Krieg mit einem Schweizer Kanton, schickte die Truppe, für die man keine Verwendung hatte, dorthin in der Hoffnung, dass sie dort gänzlich aufgerieben würde. Man kalkulierte richtig.

Nach dem Westfälischen Frieden kam man auf die Idee, Soldaten nicht *für* den Krieg und also *im* Krieg, sondern *im Frieden* (und also von der Idee her für den Frieden) zu bezahlen. Man kasernierte und versorgte sie, man trainierte sie permanent und nutzte sie, wenn politisch ein Krieg erklärt wurde. Und man uniformierte sie.

Damit entsteht die Unterscheidung von Kombattanten und Zivilbevölkerung. Diese leidet nach wie vor unter dem Krieg, zuweilen entsetzlich, aber meist nur mittelbar. Um solches Leid der Zivilbevölkerung, und wie es gelindert werden kann, dreht sich die Hintergrundgeschichte von Lessings *Minna von Barnhelm*.

Im Grunde bleibt das so bis zum Ersten Weltkrieg, ihn eingeschlossen. Die Schlachtfelder werden größer, wachsen schon in den Napoleonischen Kriegen fürchterlich an, die Idee von einem Krieg, von dem »der Bürger nichts merken« solle, wie die Friedrich II. zugeschriebene Maxime lautete, war längst perdu, aber sie war zum einen nie realistisch, meist ein routiniertes Hinwegsehen über die Realitäten, und wurde dann mit der Idee des Volkskrieges, die mit der Französischen Revolution auftaucht, aber zunächst nur eine Massenmobilisierung meint, dann mit dem spanischen Guerillakrieg gegen die napoleonischen Truppen sowie den Guerillero-Träumereien zum Beispiel der Gneisenaus und Kleists ernstlich infrage gestellt. Aber erst der deutsche Krieg gegen die Sowjetunion ab 1941 setzt durch klare Befehle die Idee eines Krieges von Armeen gegen Armeen und gleichzeitig die Vorstellung, dass man dem Gegner durch gemeinsam anerkannte rechtliche Rahmung des Krieges verbunden sei, außer Kraft. Mit der Außerkraftsetzung von Kriegsrecht und -brauch wird der deutsche Vernichtungskrieg wieder etwas, was der Krieg seit dem Dreißigjährigen nicht mehr sein sollte und eine Zeitlang auch tatsächlich nicht mehr war.

Bei allen Schrecken, die die Napoleonischen Kriege, die Schlachten von Königgrätz, Sedan, Verdun, an der Somme mit den gewachsenen technischen Möglichkeiten und den angewachsenen Heeren mit sich brachten, zeigt doch die mörderische, streckenweise genozidale Realität des deutschen Vernichtungskrieges, was für eine leichtfertige Redeweise es wäre, wenn man über die Unterschiede mit einem »Alle Kriege sind doch im Grunde Vernichtungskriege« hinwegsähe. Im Ersten Weltkrieg *gab es die Unterscheidung von Kombattanten und Zivilisten*, im Krieg, den Deutschland gegen die Sowjetunion führte, *sollte* es sie nicht geben. Die Todesrate in deutschen Lagern des Ersten Weltkrieges, in denen russische Soldaten gefangen gehalten wurden, lag bei 5,4 Prozent, im Zweiten Weltkrieg starben 57,9 Prozent der sowjetischen Gefangenen.[13] Der Hungertod von »zig Millionen« (wie es in einem Befehl zur Kriegsführung hieß) wurde nicht nur als Kriegs*folge* vorausgesehen und in Kauf genommen, sondern war als intendiertes Kriegs*ergebnis vorgesehen.*

Mit dem deutschen Rassen- und Vernichtungskrieg in der Sowjetunion war nach der Zeit der Einhegung der Kriegsgewalt nach dem Dreißigjährigen Krieg eine neue Dimension kriegerischer Gewalt in die Geschichte gekommen: der unterschiedslose Tod von Soldaten und Zivilisten nicht als zufälliges Ergebnis, nicht als Mittel, den militärischen Widerstand zu brechen, sondern als Kriegsziel. Mit dem Abwurf der Atombomben auf Hiroshima und Nagasaki kam im Zweiten Weltkrieg eine weitere Möglichkeit, Krieg auf bisher ungekannte Weise zu führen, in die Welt. Massenvernichtung konnte nicht allein als Ergebnis eines mit aller mörderischen Radikalität zu Land, im Wasser, aus der Luft durchgeführten Krieges Wirklichkeit werden, sondern *als erste Kriegshandlung.* Der Versuch, einen Krieg schnellstmöglich zu beenden, wäre zu einem am ersten Kriegstag ausgelösten Massentod geworden. Das hat, vielleicht kann man es so sagen, die Welt nach 1945 nicht vor Kriegen, aber vor einem Dritten Weltkrieg bewahrt. Ein nach 1945 verfasster Was-wäre-wenn-Plan der Sowjetunion, der nach 1990 veröffentlicht wurde, zeigt das Ergebnis des Gedankenspiels. Ein Sieg über die NATO wäre erreichbar

13 Vgl. *Verbrechen der Wehrmacht. Dimensionen des Vernichtungskrieges 1941 bis 1944,* hg. vom Hamburger Institut für Sozialforschung, Hamburg 2002, S. 188.

gewesen (so das Gedankenexperiment) durch einen atomaren Erstschlag, der deren Streitkräfte in Westeuropa von der Elbe bis zum Atlantik zerstört hätte. Die Truppen des Warschauer Paktes hätten daraufhin bis zum Atlantik vorstoßen können, wären allerdings – da ihr Weg sie durch eine verstrahlte Wüste geführt hätte – dort zu Grunde gegangen.

*

Die Kriege, deren gegenwärtige Zeugen wir sind, sind anderer Art. Wir haben im Kongo seit Jahrzehnten, im Sudan seit Jahren marodierende Banden, die den Krieg führen, weil er für sie ihr Lebenszustand geworden ist. Das ist es, was der Westfälische Frieden für Mitteleuropa abgewendet hat. Wir haben in der Ukraine einen konventionellen Krieg mit modernen nichtnuklearen Waffen, mit unklaren Gefechtsfeldern und Übergriffen auf die Zivilbevölkerung. Wir haben in Gaza einen Krieg, der in kein bisheriges Schema passt. Israel ist von der zunächst legitim gewählten, dann durch Gewalt selbstlegitimierten Regierung eines Landstrichs – ich glaube, die völkerrechtliche Verlegenheitsformel ist »De-facto-Staat« – angegriffen worden. Dieser Angriffskrieg war völkerrechtswidrig (wäre, da ankündigungslos, das heißt ohne »Kriegserklärung«, bereits nach dem Westfälischen Frieden völkerrechtswidrig gewesen, nach dem Briand-Kellogg-Pakt von 1928 allemal). Es ist das legitime Ziel eines Verteidigungskrieges, die militärischen Mittel eines angreifenden Feindes – die Hamas hat weder kapituliert noch die genommenen Geiseln freigelassen und setzt die Kampfhandlungen fort – zu zerstören, ihn zur Kapitulation zu zwingen oder anderweitig unfähig zu machen, den Krieg fortzusetzen. Was diesen Krieg so besonders macht, ist – und das löst einen Teil der Kontroversen aus –, dass er gleichzeitig ein Guerillakrieg ist, in dem sich die angreifende Seite aus jeder völkerrechtlichen Bindung gelöst hat.

Was heißt »Guerillakrieg«? »Guerilla« ist der Diminutiv von »guerra«, »kleinen Krieg« nannte man allgemein jene den Krieg auf den Schlachtfeldern begleitenden Aktionen wie das Sprengen von Brücken, Überfälle auf Provianttransporte und so weiter, durchgeführt von irregulären Milizen in militärischem Auftrag. Der Kampf gegen die französische (napoleonische) Besatzung in Spanien machte das Wort »guerilla« zu einem bis heute gängigen Begriff. Auch Russland führte nach der Schlacht von Borodino einen Guerillakrieg gegen die napoleonischen Truppen. Auch der Partisanenkrieg in der Sowjetunion gegen die deutschen Truppen, der italienische Partisanenkrieg, die Aktionen der französischen Résistance waren Guerillakriege. Auch die antikolonialen Erhebungen, die afrikanischen, die in Indochina, waren Guerillakriege, in Kuba war der Regimewechsel von Batista zu Castro Ergebnis eines Guerillakrieges.

Der »kleine Krieg« existierte neben dem »großen«, war in dessen – tatsächlichen, erstrebten – restriktiven Regelrahmen nicht eingebunden. Und der Guerillakämpfer wird mit Mitteln bekämpft, die andere sind, als die zwischen regulären Gruppen gängigen. Da die Guerilleros den Schutz durch die Zivilbevölkerung nutzen, wird – kriegsrechtmäßig – diese Objekt der Bekämpfung der Guerilla. Zur Bekämpfung des Partisanenkrieges war es im Zweiten Weltkrieg rechtmäßig, Geiseln zu nehmen und nach Überfällen diese demonstrativ hinzurichten. Es galt allerdings, (wenigstens gewohnheitsrechtliche) Proportionen einzuhalten, die in der Sowjetunion von der deutschen Wehrmacht aber mit einer gewissen Regelmäßigkeit außer Acht gelassen wurden. Dazu kam, dass im Rahmen der Partisanenbekämpfung unter der Parole »Der Jude ist der Partisan« ein systematischer Genozid verübt wurde.

Vom Selbstverständnis her ist der Guerillakämpfer in der antikolonialen und sich selbst als revolutionär verstehenden Handlungs- und Legitimationslogik der Vertreter einer anderen, noch gar nicht existenten, erst durch den (revolutionären) Guerillakrieg herbeizuführenden Ordnung. So ist die revolutionäre Legitimationsrhetorik der Gewalt seit der Jakobinerherrschaft beschaffen, ich habe es oben erwähnt. Diese Legitimationsrhetorik entband sich selbst aller (Selbst-)Verpflichtung zur Gewaltbeschränkung. Jakobinisch, bolschewistisch und anderswo wurden Haltungen, die darauf bestanden, auch revolutionärer Gewalt dürfe *nicht schlechthin alles* erlaubt sein, als konterrevolutionär, also als Verrat an der Sache denunziert.

Der Guerillakrieg ist immer der irreguläre Kampf einer oder mehrerer bewaffneter Gruppen, die nicht als Truppen auftreten. *Sie kämpfen als Teil der Zivilbevölkerung.* Sie nötigen also den angegriffenen Gegner, wenn dieser den Kampf gegen die Guerilla führen will, wenigstens in gewissem Maße den Kampf gegen die Zivilbevölkerung zu führen. Das ist die militärische und die völkerrechtliche Krux bei diesen

Kriegen. Sie sind, wie man seit einiger Zeit sagt, »asymmetrisch«. Die eine Seite verfügt über mehr, meist moderneres Kriegsmaterial, die andere über Flexibilität. Dies kann man im Sinne von Logistik und Einsatzmodalitäten beschreiben, aber auch im hier besprochenen Sinne: Die eine Seite, die militärisch stärkere, ist in einen bestimmten Kriegsstil (man verzeihe das unpassend scheinende Wort) eingebunden, der Tradition, Comment, Restriktionen durch die Kriegsmittel, aber auch Moral und Recht miteinander verbindet (in welcher Weise auch immer). Die andere Seite wählt ihre Form, Krieg zu führen, nahezu unabhängig von alldem – sieht man einmal davon ab, dass ihr Mangel an bestimmten Kriegsmitteln ihr nicht erlaubt, alles zu tun, was sie vielleicht möchte. Diese Asymmetrie schafft ein drastisches moralisches Gefälle, je nach Standpunkt. »Der Partisan« (so das frühere Synonym für Guerillero) war für die einen derjenige, der den Krieg zu einem rein mörderischen Geschehen ohne Recht und Ehre machte, für die anderen derjenige, der Recht und Moral gegen das übermächtige Unrecht verteidigte. Wo eine (Welt-)Öffentlichkeit geneigt war, letzterer Sicht der Dinge wenigstens ein geneigtes Ohr zu schenken, entstand für die Guerilla-Seite ein moralischer Zusatznutzen. Ihre Verstöße gegen das, was man (lassen Sie mich heute sagen: nach Magdeburg) für im Kriege noch als rechtens ansah, waren durch die moralischen Zwecke seines Kampfes gerechtfertigt (oder man sah einfach darüber hinweg), die Verstöße der stärkeren, aber moralisch verurteilten Seite konnten als Kriegsverbrechen, die diese schlechthin charakterisierten, skandalisiert werden. Als Posse hat die bundesrepublikanische »Rote Armee Fraktion«, die sich als Stadtguerilla verstand, dies demonstriert: Sie entband ihre als »Volkskrieg« ausgelobten Mord- und Entführungsaktionen von jeder Restriktion – »Der Bulle ist kein Mensch«, schrieb Ulrike Meinhof –, reklamierte aber für die verhafteten Mitglieder ihrer Bande die Behandlung als Kriegsgefangene gemäß der Genfer Konvention.

Nehmen wir das Beispiel Kuba. Dass das Batista-Regime eine furchtbare, widerliche Diktatur war, steht (und wohl auch für die schärfsten Kritiker des durch Castro etablierten Regimes) außer Frage. Wer wollte bei einer solchen Eindeutigkeit, wer »die Bösen« waren, die einzelnen Aktionen der anderen Seite (also dass sie vielleicht nicht ganz so »gut« waren, wie man sich gewünscht hätte) bekritteln? Wer mochte während des Vietnamkrieges angesichts mit Napalm verbrannter Kinder darauf hinweisen, dass der Vietcong sich Grausamkeiten zuschulden kommen ließ, die mit dem Hinweis, dass der Schwächere sich eben mit allen möglichen Mitteln wehren müsse, nicht aus der Welt zu reden waren, weil diese Grausamkeiten eben nur Grausamkeiten waren?

Heucheln und Verleugnen wird zu Recht missbilligt, zuweilen verabscheut. Aber man vergesse nicht, dass dort, wo es jemand für nötig hält, etwas zu dementieren, sich ein anderes Ansehen zu geben, als ihm eigentlich zukäme, mit diesen Dementis und mit seiner Heuchelei seine Reverenz vor jenen Normen macht, die er tatsächlich bricht. »Heuchelei ist das Kompliment des Lasters an die Tugend«, sagt man. Man hüte sich, das Lob der Ehrlichkeit zu einer Sympathieerklärung für den Mörder und Vergewaltiger werden zu lassen, der sich mit seinen Taten brüstet und Beifall heischt. Malcolm X sagte einmal in einer berühmten Rede, der Unterschied zwischen dem (man verzeihe: ich zitiere Malcolm X) »house-« und dem »field-negro« sei, dass jener, wenn das Haus des »master« in Flammen stehe, löschen helfe, wo dieser das gerettete Kind des »master« zurück in die Flammen trage. So wollte er (später änderte sich seine Haltung) eine Weile die Moral seines Kampfes verstanden wissen. Bertolt Brecht ließ in seinem Stück *Die Maßnahme* einen »jungen Genossen«, der seine revolutionären Pflichten des Parteiaufbaus vernachlässigte, weil er ein paar gequälten Mitmenschen half, erschießen. Als Che Guevara den Guerillakampf außerhalb Kubas fortsetzen wollte, bestand dieser am Ende in Bolivien nur noch darin, ein paar wehrlose Bauern zu schikanieren, was er dadurch rechtfertigte, dass sie sich ihm nicht anschlossen.

*

Bis vor wenigen Monaten hat es wohl keine Guerilla gegeben, die sich schlechthin schrankenloser Gewalttätigkeit gerühmt hätte. »Auch Gegner im Krieg und Bürgerkrieg sind heute gebunden von einer immerhin rudimentären globalen Ordnung des Rechts. Sie schließt es aus, Personen, die als Zivilisten am gewaltsamen Konflikt nicht unmittelbar beteiligt sind, zu instrumentalisieren und um ferner Endziele willen zu vernichten.«[14] Dazu kommt, dass bis vor we-

14 Reinhard Merkel, »Feindstrafrecht«, in: Ders., *Philosophische Sphären des Rechts*, Paderborn 2023, S. 201.

nigen Monaten bestimmte Gewalthandlungen ebenfalls frag-
los nicht legitimierbar waren: das Ermorden von Kindern
(sehen wir einmal von der zitierten Passage von Malcolm X
ab, der keine Propaganda der Tat betrieb, sondern nur eine
politische Standortbestimmung durch ein – scheußliches –
Bild veranschaulichen wollte) und das Vergewaltigen von
Frauen (oder Männern).

Sie erinnern sich an die Zäsur, die die Berichterstattung
über Magdeburg – so und so – bedeutet hat. Die Hamas ist
wohl die erste Guerilla, die sich zu dieser Willkür nicht nur
bekannt hat, sondern mit ihr *um weltweite Sympathie warb.*
Sie hat Erfolg damit gehabt. Die Sympathiekundgebungen mit
der auf einmal durch das Oktober-Massaker symbolisierten
»palästinensischen Sache« begannen unmittelbar nach den
Morden, und nachdem die Hamas die Bilder ihrer Gräuel
weltweit verbreitet hatte. Noch einmal: Diese Sympathiekundgebungen waren keine Reaktion auf den Verteidigungskrieg, den Israel Wochen später begann. Sie sind ein Bekenntnis zu den Taten selbst – und damit, historisch, ein
Bekenntnis zur Liquidierung des Fortschritts, den die Einhegung der Gewalt nach Magdeburg gemacht hat.

Nota bene: Nach dieser Auffassung von Recht-auch-im-
Krieg, von der Einhegung kriegerischer Gewalt nicht durch
lokale Bräuche, sondern durch globales Recht ist auch der
bewusste und demonstrierte Bruch mit der Idee einer kul-
turenübergreifenden Zivilisation, wie sie sich vielleicht zu-
erst in diesen Begrenzungen kriegerischer Gewalt ausge-
prägt hat, *keine Rechtfertigung* für Vergeltung. Kein Verstoß
gegen das Kriegsvölkerrecht kann sich auf einen vorauf-

gegangenen Angriff, der *sich selbst* außerhalb jeglichen Anspruchs auf Beschränkung der kriegerischen Antwort gestellt hat, berufen. Zivilisation ist Selbstbindung.

Im Falle des Gaza-Krieges ist die bedeutsame Trennung von Zivilisten und Kombattanten in besonderer Weise nahezu unmöglich gemacht. Noch einmal: Diese Trennung hat in der Folge des Dreißigjährigen Krieges die europäischen Kriege bis zum Vernichtungskrieg der deutschen Wehrmacht in der Sowjetunion, der diese programmatisch außer Kraft setzte, geprägt, und sie wurde dann auch vom Guerillakrieg – wenn er sich nicht nur gegen eine Armee richtete – aufgrund einer anderen Programmatik missachtet. Dadurch ist auch der Krieg gegen den Guerillakrieg ein anderer geworden. Die Guerillas aller Länder haben den Bevölkerungen, in deren Namen – nie in deren Auftrag – sie kämpften, Schreckliches zu ertragen aufgenötigt. Und es ist immer seitens derjenigen, die den Anti-Guerillakrieg geführt haben, zu entsetzlichen Verbrechen gekommen – My Lai steht pro toto.

Die Hamas hat den gesamten Siedlungsraum Gaza zum Terrain gemacht, von dem aus der Angriff auf Israel – auf die israelische Zivilbevölkerung – vorgetragen wurde, und zwar unmittelbar beginnend nach dem Abzug der israelischen Truppen 2005. Dieser Angriff in Permanenz hat seinen Höhepunkt im Oktober-Massaker von 2023. Sie hat damit Gaza zu einem Terrain gemacht, das nach diesem Datum als Ganzes Ziel eines Verteidigungskrieges werden musste. Da die Verteidigungsbasis der Hamas ein große Teile des Gaza-Gebiets unterhöhlendes Tunnelsystem ist, wurden die Häuser über den realen oder vermuteten Tunneln ein militärisch notwendiges Ziel, um diese Tunnel zu zerstören. Die völkerrechtliche Verlegenheitsformel, auch ein Verteidigungskrieg müsse »verhältnismäßig« sein, wird dadurch nicht außer Kraft gesetzt – und doch obsolet. Bei den Bombardierungen Hamburgs im Juli/August 1943 konnten die Angriffe auf Hafen, Docks, Verkehrsverbindungen mit einer gewissen militärischen Notwendigkeit gerechtfertigt werden, die Angriffe auf reine Wohnviertel wie Hamburg-Hamm nicht. Es ist die Strategie der Hamas, Israel zu einem Krieg zu zwingen, wo die Bomben (wo es nicht zu Evakuierungen kommt) unterschiedslos Hamas-Krieger, Menschen, die ihren Krieg unterstützen, und solche, die in diese Hölle geraten sind, bloß weil sie da wohnen, treffen. Sollten nach dem Ende des Gaza-Krieges internationale Gerichte über die Unterscheidung von nach allgemeinem Rechtsverständnis kriegsnotwendigen Handlungen und Kriegsverbrechen zu befinden haben, wird dies jeden Untersuchungsausschuss und jedes Gericht vor eine unlösbare Aufgabe stellen.

Ein Letztes für heute. In einem Interview[15] habe ich gesagt, jeder fühle sich berufen, zum Gaza-Krieg irgendwas »zu meinen«, und ich wolle in dieses wohlfeile Gerede nicht einstimmen. Ich habe mich heute dazu geäußert, weil es zum Thema gehörte und, nota bene, *nur so weit* es zum Thema gehörte. Ich möchte aber noch einen Passus aus diesem Interview erläutern, der mir ein paar unverständige Reaktionen eingetragen hat – weil es zum Thema gehört. Ich habe

15 In: *Der Spiegel*, Nr. 13 (23. 3. 2024), S. 105–109.

gesagt: »Ich könnte sagen: Der wichtigste Schritt zu einem Frieden im Nahen Osten wäre die Verhaftung der Hamas-Führung und die Bereitschaft Ägyptens, Saudi-Arabiens und Jordaniens gewesen, Truppen zur Unterstützung von Israels Verteidigungskrieg in Gaza zu stellen.« Und ich habe hinzugefügt: »Nicht falsch, aber illusorisch. Und wenn ich das sage, ist das völlig belanglos.« Selbstverständlich ist es das. Aber was ich damit zum Ausdruck bringen wollte, ist, dass die Chance bestanden hätte, dass Regierungen einiger Nachbarstaaten über die politischen Grenzen, über alle Differenzen in der Frage, was »Frieden im Nahen Osten« bedeuten könne, hinweg hätten deutlich machen können, dass das, was in den Oktober-Massakern der Welt demonstriert wurde, *von keinem von ihnen gebilligt werde und werden dürfe*, und darum *die Bekämpfung der Hamas das erste Ziel* aller Friedensbemühungen sein muss.

Es gibt unter den europäisch/US-amerikanischen Unterstützerinnen und Unterstützern der Hamas einige, die das, was wir von den Oktober-Gräueln wissen, *weil die Hamas wollte, dass wir es wissen und vor Augen haben*, für israelisch-westliche Propaganda halten. Die das tun, wollen sich unter den psychischen Schutzschild von Verleugnung und Heuchelei flüchten, ihr Kompliment an Recht und Moral ableisten und *gleichzeitig* Vergewaltigung, Folter und Mord wie mit einem Achselzucken abtun. Hätten diese Leute ebenso gedacht, gehandelt, wären die Opfer keine Juden gewesen?

Wir sprechen über Magdeburg 1631. Wir sprechen über den 7. Oktober 2023. Wir sprechen über die Selbstfeier von Mördern und Vergewaltigern. Wir sprechen über eine Zeit, die den Blick auf den Krieg zu ändern begann, nicht zuletzt darum, weil diese Selbstfeier Abscheu und Ekel erregt hat. Dieser Abscheu gehört zum Kostbarsten, was wir haben. Er ist das Fundament unserer zivilisatorischen Sittlichkeit. Verlieren wir ihn, verlieren wir uns.